新教育文库·萤火虫书系

大师教你做父母 1

——对话叶圣陶

朱永新◎编著

長江出版傳媒 | 湖北教育出版社

(鄂)新登字 02 号

图书在版编目(CIP)数据

大师教你做父母①:对话叶圣陶/朱永新编著.
—武汉:湖北教育出版社,2014.6(2020.11 重印)
(新教育文库.萤火虫书系)

ISBN 978-7-5351-9388-9

Ⅰ.大…
Ⅱ.朱…
Ⅲ.叶圣陶(1894~1988)-教育思想
Ⅳ.G40-092.7

中国版本图书馆 CIP 数据核字(2014)第 130719 号

大师教你做父母①:对话叶圣陶 DA SHI JIAO NI ZUO FU MU①:DUI HUA YE SHENG TAO

出品人	方 平		
封面设计	尚书堂	责任编辑	胡 源
封面摄影	薛晓哲	责任校对	刘慧芳
美术编辑	牛 红	责任督印	张遇春

出版发行	长江出版传媒	430070	武汉市雄楚大街 268 号
	湖北教育出版社	430015	武汉市青年路 277 号
经 销	新 华 书 店		
网 址	http://www.hbedup.com		
印 刷	保定市铭泰达印刷有限公司		
开 本	710mm×1000mm 1/16		
印 张	15.25		
字 数	180 千字		
版 次	2014 年 6 月第 1 版		
印 次	2020 年 11 月第 2 次印刷		
书 号	ISBN 978-7-5351-9388-9		
定 价	33.80 元		

新教育文库

总序

教育实验是一项细致而长久的工程，需要通过一代人去影响另一代人，不能急于求成，不能故步自封，一定要学会等待，一定要耐得住寂寞。

新教育实验更不例外。

中国教育有许多弊端，但仅仅是怒目金刚式的斥责和鞭挞，虽然痛快却无济于事。对于中国教育而言，最需要的是行动与建设，只有行动与建设，才是真正深刻而富有颠覆性的批判与重构。

新教育实验就是寓重构于行动之中，寓批判于建设之中。

新教育要做的，就是给教师和学生一种幸福完整的教育生活，一个开阔无垠的精神视野，让他们对人的内心的复杂性有更为深切的体验，不但要了解生命的伟大和宇宙的博大，而且要感受生活的丰富与人性的丰厚。

从2000年《我的教育理想》的出版，新教育思想悄然萌芽，到2014年《新教育文库》的第三版重订，此时此刻的中国大地上，2000多所学校的200多万新教育师生，正走在新教育的路上。

以追寻理想的执着精神、深入现场的田野精神、共同生活的合作精神、悲天悯人的公益精神，埋首耕耘，成就我们的人生、我们的教育、我们的民族。这就是新教育精神的本质内涵。

新教育追求高度，但永远不会高高在上；新教育培养卓越的教师，更关注普通的教师；新教育不是一个精英俱乐部，而是一个宽容开放的团队。新教育始终敞开胸怀，永远等待、拥抱理想主义者。真实的新教育，永远在田野中，在千千万万默默无闻的普通老师的教室里。

新教育人，就是这样一群有着共同梦想、遵守共同标准的志同道合者。彼此为对方的生命祝福，彼此珍惜生命中偶然的相遇，彼此郑重作出承诺，共同创造一间又一间完美的教室，共同书写一篇又一篇生命的传奇。

新教育不求无懈可击的理论体系，而是强调行动起来，在实践中思考，在实践中提升，在实践中成长。帮孩子成为自己，让我们成为自己，一个完整的幸福的自己。我们不是人类文明的创始者，但人类文明可以通过教育的伟大理想穿越时空，通过我们今天的行动变为现实。

当然，我们也知道，只有对新教育的认识从“概念”向“信念”推进，由“理想”转向“思想”引领，激发出人们深沉的情感、执着的意志，从精神世界的积淀表现为主体的自觉行动时，新教育实验才可能真正成为人生力量和教育智慧的策源地。

新教育文库，正是总结、梳理、传播新教育人的所行所思所得的一种努力。无论是经验还是教训，这一路跋涉的足迹，将成为指向明天的路标。在这套文库中，不同书系有着不同定位：我们希望用“通识书系”积淀下新教育的根本书籍，用“蒲公英书系”及时总结一线教育经验，用“萤火虫书系”全力搭建家校沟通的平台……我们并不准备用一部部书籍堆砌功名的城堡，但我们盼望这一部部心血凝成、行动书写的图书，能够成为一块块砖石，铺就一条通往彼岸的桥梁。

那么，新教育的彼岸是什么模样?

我想，彼岸是一群又一群长大的孩子，从他们身上能清晰地看到：政治是有理想的，财富是有汗水的，科学是有人性的，享乐是有道德的。

亲爱的新教育同仁，我们正在这条通往彼岸的船上。让我们同心同行，过一种幸福完整的教育生活。

行动，就有收获。

坚持，才有奇迹。

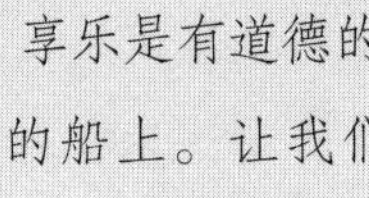

2014年3月12日于北京滴石斋

萤火虫书系 序

真正的家庭，不仅是吃喝拉撒睡的凡俗生活之地，更是一个文化的场所。真正的家庭，不仅是休憩所，更是“加油站”。真正的家庭，不仅要强健人的体魄，更要滋养人的灵魂。真正的家庭里，有着精神的自如交流、行动的彼此配合，有经验的总结、教训的反思，也有生命的延续，能将希望如火种般传递。

真正的亲情，并非血缘的简单联系，而是某种精神的共鸣与传承。真正的亲情，是一群常年厮守的人，以类似的人生观、价值观面对世界，发现并实现自我，从而产生的一种休戚与共、深刻而持久的情感。一旦拥有这种亲情，就如同人生打牢了坚实地基，其上兴建的楼宇再高，也不易坍塌。

在这样的家庭里，民族的文化才得以张扬，被时光淘洗而生生不息。在这样的生活中，美好的精神才得以活泼泼地流淌，历经岁月而源源不绝。

家庭教育的最高境界是不教之教。父母的一言一行，都是孩子的教科书；父母的精神高度，就是孩子成长的天花板。每个家庭里都有一种教育在展开。家庭的幸福与否，在很大程度上取决于家庭教育的优劣。

有的父母乐观，认定自己的孩子天生如星、光芒四射，却不知星星也有恒星与流星之分。有的父母悲观，抱怨自己的孩子平凡如沙、前途渺茫，殊不知哪怕真是沙子，蚌若用心血守护一粒沙，最终捧出的将是珍珠。家庭教育的力量，首先来自对先天基础与后天教育的正确理解。

可惜，现实中我们看了太多反面的案例。其中最让人遗憾的错误是，许多人用了一个“爱”字，把父母、家庭、家庭教育不加辨析地视为名利。在轻率而糊涂的想当然中，走向了教育的反面。

我们的新家庭教育观，概括而言是三个字：智慧爱。智慧是理性，爱是感性；前者更强调后天，后者更接近本能；前者意指科学，后者意指人文。情理交融，才有最好的家庭教育。

这套“萤火虫书系”，正是“智慧爱”的结晶。

这套书系是新教育实验家校合作共建行动的重要成果。新教育作为一场正在影响着2000多所学校、200多万师生与家庭的教育改革，作为中国规模最大的教育公益组织，始终致力于把国内外的优秀教育成果种植到中国大地上。这套书将以深入浅出的内容、流畅易懂的文字，全面展示新教育实验在新父母学校、亲子共读、新父母网络书院等方面的经验与做法；这套书将手把手地教导大人如何爱孩子，既指引大人和孩子怎样共创未来的奇迹，又叮咛大人和孩子如何珍惜当下的幸福。

从来没有任何一个时代，能够像今天这样凸显家庭的重要。在社会急剧转型的洪流里，小小的家庭已不仅仅是港湾，而在事实上成为很多人精神的中流砥柱，甚至是灵魂的永恒皈依。

我们坚信，正确的家庭教育能让每个孩子书写自己的生命传奇。当父母学会如何正确地爱孩子后，炽热的亲情会成为生命永不枯竭的成长力量。

我们希望，千千万万的父母能够用“萤火虫书系”点亮自己，照亮孩子的星空，从而创造一个幸福的家庭，让我们的世界更美好。

——以智慧与爱为生命的双翼，期待你与我们并肩飞翔。

（儿童文学作家、新教育新父母研究所所长）

2014年2月25日于北京

目录 Contents

第一章　童心是最灵妙的世界

童心是最灵妙的世界　003
儿童的心声之一:你们真的爱我吗　005
儿童的心声之二:我们是可有可无的存在　006
儿童的心声之三:你们对我们的欢叫和怒骂　008
儿童的心声之四:你们真的在教育我们吗　010
儿童的心声之五:爱我们是你们的责任　011
珍惜孩子的可能性　012
培养孩子的人生观　015
儿童的天性注重事实　018
让孩子勇往无畏　019
保护儿童的想象力　021
培养孩子的独立精神　023

第二章　教是为了不需要教

教育是一盏灯　027
教是为了不需要教　028
教育不是为了考试　030
教育的目的是做人　032
家庭教育会先入为主　034
父母应该是教育专家　036

何谓教育家 038
两种教育观 040
养不教父母过 041
教育是父母对孩子的深爱 043
看看自己生气的模样 044
当“孩子王”的乐趣 047
办教育与种庄稼相仿 049
教育的“收入”与“付出” 051
忠诚地叫声“小朋友” 053
习惯养成从最初开始 056
养成好习惯 058
不要养成“养成什么习惯的习惯” 060
不要养成妨害他人的习惯 063
养成自己学习的习惯 065
父母不要逼孩子 068
不一定非让孩子进好学校 070
不为孩子代劳 071
不要站在孩子的对立面 073
学生不是空瓶子 075
以身作则 078
母亲是孩子最主要的榜样 081
做一个教育的“傻子” 082
希望儿女胜似我 085

第三章　童书是儿童的精神粮食

读书振奋民众的精神　089
童书是儿童的精神粮食　091
学校必须养成阅读能力　093
如何读书才有效果　094
读书的三种态度　096
善读无字书　099
尽信书不如无书　101
不该禁止孩子看小说　102
让儿童走近文学欣赏文学　105
养成随时阅读的习惯　107
读书的时间从哪里来　109
养成查阅工具书的习惯　111
阅读指导应精益求精　112
读书有时候需要“抄书”　114
儿童读物不能粗制滥造　116
儿童应生活在诗的王国　118
中学生应该读什么书　120
读书忌死读　121
读书勿忘人生　123

第四章　作文是生活的一部分

写作是最起码的修养　127
写作就是记录说话　128
写作要有真实情感　130
听和说是读和写的基础　132
写作与生活　134
丰富儿童的生活经验　136
作文和做人　137
作文最可贵的是真诚　139
遵循法度与创造法度　140
写最熟悉亲切的事物　142
练习与成功　144
团体写作的乐趣　146
习作就是练习思想　148
阅读是写作的基础　149
文学是从生活流淌出来的　151
作文是生活的一部分　152

第五章　享受学习的快乐

享受学习的快乐　157
学习不可以速成　159
学习不是为了记诵　161

学习是一辈子的事 162
枯坐听讲要不得 163
不为考试而学习 166
学习必须为己 168
艺术教育要让学生有兴趣 170
写好汉字是中国人的基本功 172
文艺是精神的雨露 174
艺术始于模仿终于独创 175
享受音乐 177
临时抱不住佛脚 179
德不孤必有邻 182
道德的贯彻是行动 184
最要不得的是冷漠 186
兴趣是我们生命所寄托着的 188

第六章　希望是特有的奖品

希望是特有的奖品 193
理想是人生的灯塔 194
欲望是人生活动的原动力 196
自学的人就能够自强不息 198
如何过暑假 200
交朋友的乐趣 202
读书与就业 204

如何选择职业之一:有益 206
如何选择职业之二:胜任 207
如何选择职业之三:兴趣 209
如何选择职业之四:理想的实现 210
如何选择职业之五:共同生活 211
一分耕耘一分收获 212
成功的喜悦 214
萤火虫精神 216

附录一 爷爷教我们做人做事 219
附录二 新教育实验用书书目 227
后 记 231

第一章

童心是最灵妙的世界

儿童的世界有多么深邃，多么玄妙，我们还从未真的看个究竟。但儿童的创造性，儿童的想象力，儿童与宇宙一体的感觉，儿童那些充满张力的话语，的确经常让我们瞠目结舌，感叹不已。我们并没有真正发现这个巨大宝藏的价值。

让我们把孩子视为自己的老师吧！倾听他们的声音，观察他们的世界，记录他们的生活。由此真正走进儿童的世界，发现这个纯洁而伟大的世界。我们会真正回到童年，重新拥有童心。

而教育最重要最可贵的地方，就是要发挥孩子自己的力量，独立地处理他面对的事务问题，自己去解决疑难问题，自己去分辨是非，自己去奋斗抗争，自己去探索各种高深的问题。

教师和父母的责任，就如同帮助他们学会走路一样，扶持是为了放手，让孩子充分发挥自己的聪明才干。当孩子真正展翅高飞的时候，也是教师和父母最快乐的时候。

童心是最灵妙的世界

儿童的心里似乎无不是纯任直觉的，他们视一切都含有生命，所以常常与椅子谈话，与草木微笑。这就是文艺家的宇宙观。儿童若能将他们的直觉抒写出来，一定是无上的美。曾听有人说过，文艺家有个未开拓的世界而又是最灵妙的世界，就是童心。儿童不能自为抒写，文艺家观察其内在的生命而表现之；或者文艺家自己永葆其赤子之心，都可以开拓这个最灵妙的世界。（《文艺谈》，载《叶圣陶集》第9卷，第21页）

朱永新解读

童心最美，童心最真。美在真中，真彰显美。

儿童的世界有多么深邃，多么玄妙，我们还从未真的看个究竟。但儿童的创造性，儿童的想象力，儿童与宇宙一体的感觉，儿童那些充满张力的话语，的确经常让我们瞠目结舌，感叹不已。我们并没有真正发现这个巨大宝藏的价值。

亲爱的父母们，让我们把孩子视为自己的老师吧！倾听他们的声音，观察他们的世界，记录他们的生活。这样去做，即使我们可能无法成为一个伟大的作家，但至少我们会由此真正走进儿童的世界，发现这个纯洁而伟大的世界。我们会真正回到童年，重新拥有童心。

网友感悟

橙黄橘绿时：重视孩子的想法，理解孩子的行为。走近童心，你能感受到童心世界的美丽、纯真、妙趣……这时，童心也会走向你……于是，你和孩子就会心灵相通，沟通交流就愈发顺畅了。所以，尊重童心，善待童心！

祁县开心王：童年的秘密和价值，童心的秘密和价值，被很多的大人们忽视和忽略了，于是就产生了许许多多现有的混乱和困惑。为人父为人母的我们再也不能坐视不管任其盲目发展下去了，即便只是为了我们自己的孩子，我们也有责任和义务充分了解、认识、尊重、理解、爱护和赏识童年和童心的秘密和价值，为实现健康快乐幸福的生活做出切实而有意义的工作和努力。

童喜喜：儿童是成人之父。

张俐：是呀，对儿童来说万物都有灵，所以有着无限的想象力和创造力，教育者要做的就是如何保护和发挥这样的力量。

我的人生我做主：在儿童的眼中，世界是真实的、纯洁的，充满生命力的。他们容不得半点瑕疵，任何瑕疵都会让他们沮丧和不开心。让我们保持纯真的童心吧！这样世界会更加美好，更加富饶！孩子们也会更加快乐！

远水流：童心是最灵妙的世界，干净澄澈，却蕴含深邃无穷的力量。在孩子那里，我们能找到最深刻的内容，真正的价值所在。因而，把孩子当作自己的老师吧，去发现一个纯洁而伟大的世界。

儿童的心声之一：你们真的爱我吗

“你这么拍我，呜我，在你以为是爱我；如其不往深处想，我也可以承认你是爱我。但是，你终究是我的仇敌！”“你们试想，你们所谓爱我们的，有多少意义？不如确切一点说，这是你们自己的游戏和消遣。先问你们：你们曾为我们的身体着想而寻求过适宜的保育方法么？你们曾为我们的智慧着想而给与过有价值的玩具么？你们曾为我们特设过一种好的环境么？你们曾为我们讲说过一些好的话语么？你们曾针对我们的需要而付与过么？你们曾觉察我们的危害而预防过么？总之一句话，你们曾真个为我们尽过一点心么？”（《啼声》，载《叶圣陶集》第5卷，第51—52页）

朱永新解读

这选自叶圣陶先生颇具感情的一篇散文。当时他的女儿出生了，晚上看着妻子因为女儿的哭泣而无法入眠，自己也思绪万千，仿佛看到了女儿代表着人间无数的子女和学童在啼哭，在诉说。“她没有开口之前，举起小拳头向我作打击的姿势，眼睛张得很大，射出愤怒的光芒。语声从小嘴里发出，很有威严，使我凛然。”是的，如果细细想想，我们是真的爱我们的孩子吗？我们真的是为孩子们创造了良好的环境吗？我们真的是尽力为孩子的身心发展提供了最好的方法吗？

在很多情况下，我们成人、父母，也是以自我为中心的。我们不过是打着爱的旗号，满足自己的需要，而不是真正地为孩子的长远发展着想。所以，走进孩子的内心深处，关注孩子的真正需要，帮助孩子更好地成长，才是真正的爱。

网友感悟

水心云影：他们是借你们而来，却不是从你们而来；他们虽和你们同在，却不属于你们。所以，我们一定要警惕——不要打着爱的旗号戕害孩子。

窗边的豆蔓：爱是我每晚轻柔的吻，印在你小小的梦里；爱是我看不够的眼神，曾经跟着你的小脚蹒跚颤抖；爱是我闻不够的奶香，在你玫瑰色的耳根；爱是我忍着痛的放飞，呵护变成隐形的翅膀；爱是我永远牵着你的手，直到再也不能给你一声叮咛。

筱筱2009：我很欣慰我是一名教师，在教育的领域里，我能多少知道一点点的教育规律和理念。所以我引以自豪的是我不会用责骂的方式和孩子交流，而是用真实的情感告诉孩子世界的模样。但是对于孩子的成长，我又有些迷茫，孩子的一句"为什么"会让我无从回答。我到底了解孩子多少，能给予孩子多少？一直探索，一直困惑。

童喜喜：父母需要学习如何智慧地爱孩子。

22度：最近常有此想法。我们以为我们是爱他们的，给他们一切我们想给的，我们就认为自己做得很好了。现在很多人觉悟："嗯，我想给他需要的。"可是什么是孩子真正需要的？怎么给法？"走进孩子内心深处，关注孩子真正需要"——这恐怕是我们长期要学习和体验的课题。共勉之。

儿童的心声之二：我们是可有可无的存在

"不管是什么食品，你们高兴的时候，便是粘韧难以消化的，也同喂猫狗一般给我们吃了。我们所需要的营养料，你们反而不给，因为你们觉得没意思。不管是什么衣物，你们以为可以装饰你们的小玩偶的时候，便是笨重累赘的，也给我们穿了戴了。我们所需要的轻暖舒适的服饰，你们反而不给，因为你们不喜欢。你们中间穷苦的，给我们吃，有一顿没一顿，给我们穿，掩了下身掩不了上身。黑暗的积满灰尘的屋角里，我们被扔在那里蜷缩着。繁殖着臭虫蚤虱的草铺上，我们被扔在那里躺着。这就是你们的保育方法了。”

“你们中间，有些人同牛马一般，肩背上担负着不可堪的工作，要我们帮一点忙，便将笨重的工具授予我们，叫我们软弱无力的小手拿着，也照样工作。有些人读惯了某些书本，看惯了某些画幅，要我们尝到同样的滋味，便将那些书本画幅授予我们，叫我们照样读着看着。你们喜欢赌博，当赢了钱非常乐意的时候，就给我们一副纸牌，叫我们照样玩去……这些就是你们所给予的玩具了！”（《啼声》，载《叶圣陶集》第5卷，第52—53页）

朱永新解读

把自己的意志强加给孩子，这是我们许多父母经常无意识中会犯的错。我们认为好吃的东西，不管孩子喜欢不喜欢，硬塞给他们吃；我们认为好看的衣服，不管孩子舒服不舒服，硬让他们穿；我们认为有价值的图书，不管是否适合孩子的阅读能力，硬逼着他们阅看；甚至我们喜欢喝酒，也让孩子尝试喝几口；我们喜欢赌博，也让孩子玩牌。

这些行为，其实都是把孩子作为自己的附庸，作为自己的私财，作为圆自己没有实现的梦想的工具。孩子本身，只不过是可有可无的存在。

亲爱的父母，试着站在孩子的立场上看看吧！孩子都是唯一的存在，他们只有成为自己，才能够贡献社会，也才能够真正实现父母的梦想。

网友感悟

窗边的豆蔓：我相信我的女儿长大后不会这样质问我！“爱”当遵循生命的自由和珍贵，对我们、对孩子，天平从没有倾斜，倾斜的是我们在成长中积淀的所谓经验。

童喜喜：尊重孩子。

张弛：奥巴马和米歇尔的“家规”之四，是孩子必须吃完蔬菜。文章作者薛涌先生认为，孩子总是喜欢网络上的垃圾，总是喜欢吃垃圾食品，因此他们头脑和肚子里健康的东西太少。孩子像海绵，会不停地吸收周围的水分，父母的责任是给他们提供充分的净水。偏食也是现代孩子的毛病，合理膳食很重要。

敬畏历史：做好事是否要越俎代庖？做好事人认为这是我给你“施舍”。因为我为“你”好，所以为了“成绩”假期不休息让你补课，为了身体好叫你每天必须吃瘦肉，为了……总之，没经过你的同意就做了！这样就不是尊重对方！孩子需要你为他做，但不一定是此时、此种方式！

儿童的心声之三：你们对我们的欢叫和怒骂

“你们又何尝同我们谈过话！你们坚信小玩偶不是你们谈话的对手，你们自有你们的高尚而有意义的思想，不是我们所能懂得的。你们中间操劳的，自己当机器还来不及，自然也不同我们谈话。只有你们快活的时候，才‘小宝贝’‘小心肝’地叫一阵；不爽快的时候，就‘讨厌的东西！’‘我要打了！’‘快给我滚开’地骂一回。这使我们不能想清楚一个念头，说完全一句话，因为想念头和说话都靠谈话做钥匙，而你们对我们只有欢叫和怒骂！”（《啼声》，载《叶圣陶集》第5卷，第54页）

朱永新解读

儿童也是独立的人，他有独立的人格，需要平等的对话与交流。

但是，在现实生活中，儿童只是父母“欢叫和怒骂”的对象。做了让父母开心的事，无论正确与否，他们都会用欢叫表示肯定；做了让父母不开心的事，无论正确与否，他们都会用怒骂表示否定。快活的时候，心肝宝贝叫个不停；不爽的时候，讨厌混蛋骂个不休。其实，这一切，都是我们并没有真正把孩子作为一个独立的人来看、来对待。我们很少真正倾听他们内心的声音，很少与他们进行心灵的交流。

亲爱的父母们，学会把孩子作为朋友，学会与他们平等地交流对话吧，你会重新发现并再次拥有孩童世界的美丽！

网友感悟

窗边的豆蔓：低头沉思、想象：一个这样的小人儿一脸童稚地喃喃对我们低语。是否我们还会像昨天一样对孩子吼叫？是否我们还会像昨天一样气愤之余举手骤落？是否我们在昨夜又让他们哭泣如同对待一个自己一时不喜欢的玩具？昨夜你给孩子读书了吗？昨夜你给孩子拥抱了吗？昨夜你给孩子亲吻了吗？你还会拥有多少这样展示你的爱的机会？

山西核桃：如果都能换位考虑，真诚理解，不管大人还是孩子，能尊重才能受尊重，才能让生命的能量用来成长，而不是在反复中消耗。

童喜喜：平等交流是一切良好关系的基础。

儿童的心声之四：你们真的在教育我们吗

“感谢你们，特地标出极重大的题目，像煞有介事地，教育我们了。你们保存着古昔传下来的记忆，相信这些完全是好的，因为合着你们的脾胃；你们就将全部传授给我们，还希望我们也照样传授下去。我们曾否向你们索要这些，曾否感激你们的传授，你们却完全不问。你们自有你们的模型，我们是烂泥，要制造只供玩耍的泥人儿，将烂泥往模型里按就是了。这就是你们的教育！”（《啼声》，载《叶圣陶集》第5卷，第54页）

朱永新解读

在生活上，许多父母以自我为中心，在教育上，同样也是如此。

我们经常按照自己的喜好，把自己认为是好的东西强加给孩子。却全然不管孩子需不需要，或者适不适合孩子。

其实，每个孩子都是一个独特的世界。教育，应该帮助每个孩子成为他自己。除了一些共同的基础性的内容外，适合这个孩子的，未必适合另外一个孩子。

更为重要的是，孩子不是消极接受教育的“烂泥”，可以任人捏塑，随心所欲地按照父母的意愿培养。“种豆南山下，草盛豆苗稀”，在教育上我们也经常会遇到这样的情况，这往往与我们不了解孩子，没有走进孩子独特的世界有关。

亲爱的父母们，你们的孩子是世界上独一无二的精灵。请注意你们的孩子的独特性，注意他的眼神、他的兴趣、他的心。

网友感悟

窗边的豆蔓：打破我们的固有观念，屏蔽我们在成长过程中自己都不曾喜欢的，看着孩子的眼睛和天使般的小脸，学习做父母，从他们身上学习品味人生、生命的可贵。

山西核桃：孩子有他们专属的人生，能健康成长的一定是顺应他们发展规律的，让我们为创造多彩的世界努力！

鲍菁：我们常常将孩子当作我们的私有物品，依据自己的爱好喜怒来塑造他，殊不知他也是一个独立于世界的个体，应该得到应有的尊重和重视。

albert督督：真正的、理性的、智慧的、从孩子出发而不是从自己出发的爱，是父母对孩子的情感，更是一种神圣的责任。

童喜喜：独立人格，独立自我。

儿童的心声之五：爱我们是你们的责任

“我们是要不停地前进，向将来走去的。这将来虽然尚在前方，但我们可以预测，多一半是惨酷的遭遇。我们固然要奋发自己的能力，和那些惨酷的遭遇斗争。可是我们已经做了你们的玩物，你们的消遣品，我们已经被损害了。斗争的结果怎么样，正难说呢！”

……

“我们不曾请求你们做父母做教师呵！你们既然不自谦地做了，爱我们就是你们的责任……我们不愿有虚幻的奢侈的希望——希求你们的爱，只欲抗拒你们将我们作游戏和消遣，就是你们自以为爱我们的那一

套。”（《啼声》，载《叶圣陶集》第5卷，第55页）

朱永新解读

叶圣陶先生借孩子的口，控诉当时的家庭教育。他认为，如果这样下去，孩子们的身体将“脆弱而多病”，情感将“淡漠而无所属”，思想将“拘束而不得自由”。这一切的病因，其实还是父母并没有真正的爱孩子。

也许很多父母会觉得冤枉。他们说，我们够爱孩子了，我们把最好的吃的、穿的、玩的，都给了孩子，难道我们还不够爱吗？

物质的给予，的确是一种爱。可如果只是这样，我们的爱，与其他动物的爱就没有本质的不同。鲁迅先生曾经说，爱孩子，这是连母鸡都会做的事情。

因此，真正的爱，应该是理性的、智慧的，应该是从孩子出发而不是从自己出发、是经过深思熟虑的。

爱，是父母对孩子的情感，更是一种神圣的责任。

网友感悟

童喜喜：爱是精神力量，促使孩子成长。

李鲲鹏：是的。爱孩子，是应当顺情顺理的。绝非不负责任的顺“情绪”。总之，教和育，是世上最需要温柔和技巧的一门艺术。

珍惜孩子的可能性

一朵花，一棵草，它那发荣滋长的可能性，在一粒种子的时候早已具备了。但是有些种子竟不能发芽，便发了芽，竟有苗而不秀、华而不实的。称职的种植家栽培植物，虽不能增加植物的可能性，却能渐渐改良那不良的遗传性和环境。不称职的种植家非但不能改良遗传性和环境，反而阻遏可能性，那么植物就糟了。如今把植物比做小学生，小学教师便是个种植家。栽培小学生有效没有效，只有他负责任。（《今日中国的小学教育》，载《叶圣陶集》第 11 卷，第 8 页）

朱永新解读

相信种子，相信岁月。这是新教育人对于教育的基本信念。

但是，正如叶圣陶先生所说，在现实生活中，有些种子是不能够发芽的，有些种子即使发了芽，也会有“苗而不秀，华而不实”的。其中，种植家起着关键的作用。

每一粒种子都蕴藏着极大的可能性。如果把种子比作孩子，把种植家比作教师，那么，教育的作用，不是增加种子或者植物的可能性，而是尽最大的努力发挥这种可能性。

教师是如此，父母也是如此。我们应该充分尊重孩子的各种可能性。不要把自己的意志强加给孩子，而是善于发现孩子的各种潜能、兴趣、特长，然后给予最大程度的帮助与支持，帮助孩子把自己的可能性变为现实。

网友感悟

mynisky2a：理解是一切的前提，不取笑孩子的荒诞、不打击孩子的错误、不敷衍孩子的问题，真正的理解，才会有各种发现，才能做个称职的种植家。

祁县开心王：种子的秘密还远没有被人发现，所以还有人在做着把苹果培育成酥梨的工作。

枫桥夜泊4141：个人认为：要想尽最大可能发挥种子和植物的可能性，就应该抛开现实社会，远离应试教育，远离高考，教孩子探索知识的方法，教孩子好的习惯，然后，用心观察孩子、发现孩子，让他自由发展。孩子需要时，可以提供一些帮助。

yey淡然：家长和教师不要把自己的意志强加给孩子，孩子也是独立的个体。我们应该用善于发现的眼睛观察孩子，发现他们的闪光点，善于和孩子交流，从孩子的角度考虑问题，因势利导给予适当的帮助。注意自己的言行举止，为孩子做榜样，潜移默化影响孩子，起到润物细无声的作用。父母从改变自己做起，努力陪孩子一同成长！

zfyey宁静致远：从参加工作的第一天起，我就像身边的人一样不假思索地把每个孩子都称为小朋友。当时只是简单地认为，他们是小孩子，所以“小朋友”是他们所有人的代号。如今，当我再对孩子叫一声“小朋友”时，也许，我要成熟很多。有句老话说“天生我才必有用”，也许就是说的“孩子的可能性”吧。幼教行业讲“人的八大智能”，每个人都有自己突出的智能，只要有一双慧眼去发现。我想，教育者都需要练就一双这样的慧眼去发现“特别”，从而“特别对待”，成就一类特殊人才。

童喜喜：相信孩子，相信岁月。

天道酬勤：把种子比作孩子，相信每一个孩子都蕴藏着极大的可能性！不随便责备孩子，相信人无全才，但人人有才。扬长避短，人人成材！

法庭之王：做父母的虽与孩子朝夕相处，但仍应拥有一颗善于发现孩子不同之处的细致之心。此处所指不同有二：一是优势或特长，要引导和培养；二是劣势或缺点，则要指正和帮助克服。作为一名家长的我感觉自己在家庭教育方面，还是做良师多，当益友少，应在当一名孩子的忠实粉丝方面继续努力！共勉之。

朱永新：每个孩子都具有许多可能性，但是只有少部分孩子把可能性变成了现实。

活着：没有爱的教育，就犹如没有水的湖。其实教育就是爱，不是只教技能知识，还有更重要的是，教如何爱，爱别人、爱自己、爱社会，有怜悯同情之心，其实这就是教孩子们要有人性。懂得人性是人文精神之根本。

张景玉：每次看到“新教育”的教育观点都五体投地地赞成。孩子真的不是主流体制教育内宣称的“是一张白纸，描绘出什么就显现出什么”。每个人来到世间都有着“天赋”的秉性，不是生产线上统一切割出来的零件，也不应该像割韭菜一样，割得一般齐，保护好这独一无二的禀赋，才能挖掘出无限潜能。

天微晓：尊重孩子的可能性，善于奔跑的让他上操场，善于画画的给他纸和笔，喜欢小动物的让他呆在动物角……总之，给他们发挥自身可能性的机会，给他们发展自身可能性的机会，而不是千军万马挤高考这座独木桥。

培养孩子的人生观

原来人之所以可贵，并不在他既已为人，乃在他将进而为更高尚的人。一个人的所作所为，如果能参加整个人类的进化历程，便算是个有价值的人。

那么真实明确的人生观，当然是每个人必须具有的了。这真实明确的人生观不是随随便便就可以认识到的；但是又不能东寻西找，耗费了许多光阴，直到了下半世才认识到。必须在幼年的时候就能认定方向，纵然没有什么“人生观”的名词在脑际，却走一步进一步，自然而然不走到岔道上去，才能越进越真切，不白做了一世的人。这幼年的时候，不就是做小学生的时候吗？

替小学生定个方向，使他们对准了方向，充分发挥他们的可能性，不就是小学教育的力量么？所以我们可以说：小学教育的价值，就在于打定小学生一辈子有真实明确的人生观的根基。（《今日中国的小学教育》，载《叶圣陶集》第11卷，第9页）

朱永新解读

教育的使命是什么？叶圣陶先生认为最关键的就是两件事，一是培养孩子的人生观，二是培养孩子的好习惯。看起来是一虚一实，其实虚中有实，人生观在一定程度上比好习惯更基础、更关键。

人生观，看起来有点虚，但是恰恰是它决定着我们人生的方向。让孩子知道，人为什么而活着？人怎样活着才更有意义？怎样处理人的精神生活与物质生活的关系？怎样认识自己、完善自己、成就自己？这些问题，不是赤裸裸地提交到孩子的面前，不是简单地把答案交给孩子，而是应该通过生活中的许多故事，通过与孩子一起读书，悄无声息地让孩子知道。

有一条是可以肯定的，有没有自觉的人生观，孩子会有不一样的人生。而且，在小学阶段，就应该为孩子的人生观打下坚实的基础。

网友感悟

枫桥夜泊4141：人有三六九等，金字塔最上面一块很耀眼，是一般人奋斗的目标，但可要知道，下面的每一块基石都是不能少的，就看你乐意去做哪块了。从小具有人生观、好习惯，是有难度的，具备了，人生就有了捷径。但人生观跟好习惯一样，要慢慢培养的。

祁县开心王：人生观是指明人生航向的灯塔。真实明确的人生观，引领着孩子们走向健康快乐幸福的新生活。小学教育的重要，就在于奠定孩子们的人生观，确立正确的人生志向，端正孩子们的人生态度，鼓励孩子们向着高尚的方向努力发展。大人们的身体力行，率先垂范就是孩子模仿和学习的最好典型和榜样。

月真美：人生观是在家长的影响和培育下建立起来的，有什么样的家长就有可能培养出什么样的孩子。要时时帮助孩子，及时鼓励孩子。

mynisky2a：帮助孩子明确做事和做人的方向，告诉他们什么样的人更好，什么事可以做。潜移默化中，孩子就会建立起自然又正确的人生观。

Zfyey 潸然陌路：在幼儿园工作中，深深的感受到一个好的习惯对幼儿的重要性，一旦养成一个好的习惯必定受用终身！幼儿园教育是让孩子快乐的成长，在玩中学，学到简单的是非观，能明辨对错、善恶，循序渐进。榜样的力量是无穷的，父母、老师的言行时时刻刻看在小朋友的眼睛里，所以我们更应该以身作则，用我们的行动来进行教育。每个孩子都有他的闪光点，都可能是闪闪发光的金子，那我们是否具备慧眼识珠的能力呢?

童喜喜：人生观，帮助孩子学会观察、思考人生。

朱永新：人生观对了，人生才会对。

天微晓：培养孩子的人生观，就是教会孩子去选择：我要做个好小孩，我懂得遵守规则，我有自己的行为准则并行不悖……新教育的儿童课程“晨诵、午读、暮省”，在培养孩子的阅读能力的同时，也在潜移默化地帮助孩子树立正确的人生观。

儿童的天性注重事实

儿童的天性本是注重事实的，欢喜自己去做的，凡是合乎他们天性的，他们就愿意知道它，学会它；与他们的天性不相侔合的，他们就不想知道，不高兴学。学校教育定出各种科目叫学生学习，只为帮助他们确定切合人生的人生观，那么应当就他们耳闻目见的种种事物，把研究的方法，推理的途径，一一给予指导。为教授的便利起见，把种种事物分析开来，便有了关于身体、关于修养、关于知识的种种科目，许多科目统贯起来只是一条线索，就是帮助他们确定切合人生的人生观。学生在学习的时候，觉得样样是事实，样样有趣，样样做得到，他们便分外勤奋。这时候他们觉得很有用得着书籍的地方，他们便去读书。(《今日中国的小学教育》，载《叶圣陶集》第11卷，第16页)

朱永新解读

叶圣陶先生认为，小学教育的价值，在于“打定小学生一辈子有真实明确的人生观的根基”。而要形成小学生的正确的人生观，首先需要小学教师具有正确的人生观。如果小学教师缺少修养功夫，“教育事业的根本就得了病”。如果小学教师没有正确的人生观，他们也就不会明白学生“现在的性情和将来的希望”。

教师如此，父母亦然。

怎样帮助小学生形成正确的人生观呢？读书是一条重要的路径。但如果死读书读死书，也没有意义，只是“费了许多精神，占了许多时间”。一个人在幼年时的精神和时间都是十分宝贵的，无端被用在“死读书”上，就如同被抛进汪洋大海里一样。所以，正确的方法，是尊重儿童的天性，注重用事实说话。如果孩子们在学习的时候，觉得样样是事实，样样做得到，样样有趣味，就会学得勤奋学得扎实。

网友感悟

窗边的豆蔓：只有当被动学习变为主动想知道的时候，你才会发现一个孩子居然可以做到很多你认为他做不到的事。水到渠成的引导需要成人的观察和思考。

mynisky2a：父母、教师细心观察和指导，才能发现与孩子天性相谋和的事物，沿着兴趣的轨迹去书中探寻真知就是自然而然，学习就不再是枯燥和难为的事情。

庸人自扰：无趣的事情没人会认真，不要以为讲一番治国安邦修身做人的大道理就可以让孩子去下纸上功夫。兴趣永远是最好的老师。

童喜喜：生活是一本大书。

远水流：注重事实，注重实践，顺应孩子的天性会让孩子在学习中切实学到人生的真经验。

善待人生：老师和父母在生活中努力做一个修养好、素质高的示范者，常提醒孩子把学习材料与自身实际联系，有助于孩子从身边的人和自己身上发现事实，增加学习动力。我因此明白了一个道理：帮助孩子发现（学习中的）事实，可激发学习动机。

让孩子勇往无畏

小孩有勇往无畏的气概，对于一切无所惧怯，这应该善为爱惜，善为发展，才可以使他们成为超过父母的人。要是屡次使他们恐怖，给他们恐怖的暗示，岂不是引导他们取向怯弱么？果真要养成他们良好的习惯，最重要的是顺应他们的心情，在起居饮食嬉游说笑各方面造成良好的环境，使他们潜移默化。即使发现有什么不好的萌芽，也该用替代的方法使它转变为良好的萌芽。最不该的是采取消极的办法加以阻止。（《文艺谈》，载《叶圣陶集》第9卷，第17页）

朱永新解读

勇敢、无所畏惧，是一种优秀品质。这样的儿童往往阳光、自信、快乐、健康。

叶圣陶先生认为，儿童从本性上讲就是无所畏惧、勇于担当的。“初生牛犊不怕虎”，说的就是这个道理。恐惧、害怕，反倒是后天习得。如果父母成人经常用故事与言行去吓唬孩子，这样的教育最终就会让孩子对周围的世界充满了恐惧。

亲爱的父母们，请不要用那些妖魔来简单地恐吓孩子，不要借神怪来粗暴地教训孩子。恐惧，只会培养出一颗退缩、怯弱的心灵。

网友感悟

暖暖妈妈：培养孩子勇敢无畏的品质，让孩子心中永远充满阳光和自信！

苏州园区妍妈：生活中的事都是你强他就弱，你弱他就强，要让孩子不怕困难勇往直前。

简工：在实践中，培养孩子自信、无畏的心理并不难，但锻炼培养其抗挫折、抗风险及抗无畏的能力更加重要。一个不经历挫败，什么都不畏惧的孩子是极端危险的。

张建：根植孩子对这个世界的信任，而非恐惧。

领亲教育：孩子的不少人格品质都是先天具有的，如勇敢、好奇心、求知欲、想象力。这些人格品质，在后天的环境、教育影响下，往往被削弱了。孩子随着年龄的增长，好奇心减弱了、求知欲没有了、想象力没啥了，遇事畏手畏脚了。恐吓孩子，孩子不惧怕吗，还会勇敢吗？为应试而教育，泯灭了好奇心、求知欲、想象力。

保护儿童的想象力

星儿凝眸，可以做母亲的项饰；月儿微笑，可以做玩耍的圆球；清风歌唱，娱人心魂；好花轻舞，招人做伴：这些都是想象，儿童所乐闻的。世界之广大，人类之渺小，赖有想象得以勇往而无惧怯。儿童在幼年就陶醉于想象的世界，一事一物，都认为有内在的生命，与自己有紧密的关联，这就是一种宇宙观，对他们的将来大有益处。（《文艺谈》，载《叶圣陶集》第9卷，第18页）

朱永新解读

儿童的世界是充满想象甚至幻想的。那是一个斑斓的世界，物我两忘，一切皆有可能。这种想象力，是创造的源泉。

想象力是天然地植根于儿童的内心的。如果我们的教育能够关注它、呵护它，它就能够慢慢地长大，成为一个生机勃勃的创造的主体。相反，如果我们漠视它、摧残它，它就会慢慢地枯萎、凋谢，孩子也随之渐渐对世界失去兴趣，对创造失去兴趣。

亲爱的父母们，你们的孩子，可能就是爱迪生，可能就是毕加索，可能就是莫言。不要轻易地嘲笑他们的梦想，扼杀他们的想象，粉碎他们的“杰作”。要学会为他们喝彩，哪怕是为了一些从成人眼里看起来只觉得愚蠢可笑的行为。

网友感悟

窗边的豆蔓：创造源于大胆的想象。

阿布妈妈：想象力是未来的竞争力！

祁县开心王：培养想象力比掌握知识更重要，因为想像是指向未来、引领现在的航标灯，是通向未来的桥梁和道路，也指引着人们成长的现实和方向。想象不仅让未来充满玫瑰色的色彩，更给现有的存在披上了幸福的暖色调，给过去的历史装饰上了意义和价值的触摸感，让人生从头到脚都充满神秘神奇的迷幻和遐想……

禅茗：毕加索有句名言：“我只画我思考的东西，不画我看到的东西。”而爱因斯坦也说：“想象力比知识更重要。”

天道酬勤：在异想天开中包容孩子的成长，在孩子奇思妙想中升腾梦想。

林俊：儿童天马行空的想象力，不失为一种创新的源泉，往往我们都把他们这种想象扼杀在了萌芽状态，作为教师应该给孩子一个表达的时间，你给孩子时间，孩子会还你一片美丽的空间。

远水流：儿童在幼年就陶醉于想象的世界，任何一样东西都能给他们无穷的趣味，要真正地欣赏儿童的一切富于创造性的行为，鼓励他们积极地认识世界，参与世界。

领亲教育：说实话我从小到现在都生活在想象之中，尤其是小时候的想象更丰富，真的达到了物我两忘。现在也有想象，但更多的是从现实从自己的需要而去想象、去思考、去创新、去解决实际问题，很管用。有了想象，也才有梦想，人就有了精神的寄托、努力的方向。有了丰富的想象力才能有思考思维力、创新创造力。

培养孩子的独立精神

学步导幼儿，人人有经验。或则扶其肩，或则携其腕，
惟令自举足，不虞颠仆患。既而去扶携，犹恐足未健，
则复翼护之，不离其身畔。继之更有进，步步能稳践，
翼护亦无须，独行颇利便，他日行千里，始基于焉奠。
似此寻常事，为教倘可鉴。所贵乎教者，自力之锻炼。
诱导与启发，讲义并示范，其道固多端，终的乃一贯，
譬引儿学步，独行所切盼。独行将若何？诸般咸自办：
疑难能自决，是非能自辨，斗争能自奋，高精能自探。
学者臻此境，固非于一旦，而在导之者，胸中存成算，
逐渐去扶翼，终酬放手愿。当其放手时，此才必精干，
服务为人民，于国多贡献。扶翼获致是，宁非大欢忭？

（“自力二十二韵”，载《叶圣陶诗词选注》，第 202 页）

朱永新解读

这是叶圣陶先生在 1977 年为复刊的《人民教育》杂志写的一篇诗词。他以小孩学习走路为例，说明培养孩子的独立精神的意义。

他说，在引导孩子学习走路的时候，有的是扶着他的肩膀，有的是拉着他的手腕，只希望孩子自己抬脚移步，并不忧虑他走不稳而跌倒。但不久以后就放手，不再搀扶，还恐怕他的足力不强健，就再从旁边保

护着他，不离他的左右。过些时更有新的进展，一步一步都能稳稳地走，从旁保护也就不再需要了。当孩子独自行走比较顺利方便时，也自然为未来远行千里之外，奠定了基础。

教育也是如此。教育最重要最可贵的地方，就是要发挥孩子自己的力量，独立地处理他面对的事务问题，自己去解决疑难问题，自己去分辨是非，自己去奋斗抗争，自己去探索各种高深的问题。

教师和父母的责任，就如同帮助他们学会走路一样，扶持是为了放手，让孩子充分发挥自己的聪明才干。当孩子真正展翅高飞的时候，也是教师和父母最快乐的时候。

网友感悟

mynisky2a：都以教孩子学走路为经验，教给孩子各种生活技能，孩子总会成长为一个独立自强的人！

窗边的豆蔓：欢忭何来由？小儿牵我衣。稚音脆脆起，仰面花独稀。蹒跚学步走，早恐与娘离。教子学做人，端端正天地。

祁县开心王：教是为了不教，培养孩子独立精神，促使孩子成为独立自主的对社会有益的人。

刘立z：正如陶行知先生所讲：生活即教育。孩子学步是一个很好的案例。教育就是要培养学生的独立、自主和创新精神与能力，学会获得真正的知识。

天道酬勤：独立之精神，自由之人格。

第二章

教是为了不需要教

人是世界上最少受遗传力量支配、最多受教育力量影响的生物。这是人类的伟大之处。因为教育的力量，人类可以不断超越自己，而不必像其他生物那样不断复制自己。

父母不是天生的教育家，许多教育经验和理念是在实践中学习和体认的。犯点小错误也没有关系，最可怕的是“不教育”，这才是最大的错误。勇敢地负起教育孩子的责任，这是父母必要的担当。

而且，如叶圣陶先生所说的：教，是为了不教。

无论是在学校还是在家庭，关键是让孩子自己学会学习，去探索，去辨析，去历练。能让孩子自己去做的事情，就放手让他们自己去做。许多父母往往还嫌学校老师的力量不够，请许多家教老师，把学生的时间和空间全部填满，其实是害了孩子。

孩子来到世界，正是教育帮助他成长。教育是我们每个人的一盏灯。

教育是一盏灯

教育固然有一点缓不济急之嫌，然而总是我们程途中的一盏灯，能够照着我们的四周使之光亮起来，又能照见我们的目的地，使我们加增前进的勇气。我们有了它，虽然感觉现在站得不大稳定，但并不感觉空虚，因为丰美的秩序和境界出现在我们的想象中了。如果没有其他呢？那就不堪设想了，当前这样昏暗，前途这样渺茫，我们即使不甘颓废，又何从振作起精神来呢？（《教师的修养》，载《叶圣陶集》第11卷，第56页）

朱永新解读

90年前叶圣陶先生讲的这段话也一直是我心中的一盏灯。20年前撰写中国教育思想史的时候，接触到这段文字，心中一下子感到很温暖。

尽管我们对教育有这样那样的批评，有这种那种的意见，但是，教育对于人类，对于我们的社会，的确是不可或缺的一盏灯。是啊，教育应该是人类文化的传承者和守护者，应该是帮助人类社会不断前行并且走向崇高的力量。

人是世界上最少受遗传力量支配、最多受教育力量影响的生物。这是人类的伟大之处。因为教育的力量，人类可以不断超越自己，而不必像其他生物那样不断复制自己。

孩子来到世界，正是教育帮助他成长。教育是我们每个人的一盏灯。

网友感悟

LOVEHOME：我心中的一盏灯，它打开了我的心门，它让我拥有了自信，它给了我勇气，这盏灯照亮了我的一生！每个人的心中都有一盏灯，作为老师，我也希望我能够成为学生心中的一盏灯。

童喜喜：教育点亮生命。

咖啡午茶：很长一段时间以来，我们总在质疑教育的很多问题，质疑固然是为了前进，但却忘记它“总是我们程途中的一盏灯”。

天道酬勤：教育的力量虽不能立竿见影，但终究是改变愚昧、落后不可或缺的杠杆！

教是为了不需要教

我想，教任何功课，最终目的都在于达到不需要教。假如学生进入这样一种境界：能够自己去探索，自己去辨析，自己去历练，从而获得正确的知识和熟练的能力，岂不是就不需要教了吗？而学生所以要学要练，就为要进入这样的境界。

给指点，给讲说，却随时准备少指点，少讲说，最后做到不指点，不讲说。这好比牵着孩子的手教他学走路，却随时准备放手。我想，在这上头，教者可以下好多功夫。(《为了达到不需要教》，载《叶圣陶集》第11卷，第263页)

朱永新解读

教，是为了不教。这是叶圣陶先生教育思想的精髓之一。为什么教是为了不教？因为孩子终究是要离开父母，离开老师，离开学校的；因为孩子终究是要自己面对这个世界，独立地处理许多事务和问题的。所以，教，只是用一个例子说话，用一个问题当做靶子。《学记》里讲举一反三，也是说的这个道理。

所以，无论是在学校还是在家庭，关键是让孩子自己学会去学习、去探索、去辨析、去历练。能让孩子自己去做的事情，就放手让他们自己去做。许多父母往往还嫌学校老师的力量不够，请许多家教老师，把学生的时间和空间全部填满，其实是害了孩子。

网友感悟

暖暖妈妈：放手让孩子去做他力所能及的事情，孩子就会在这种锻炼中慢慢长大，家长也会逐渐达到放手。

窗边的豆蔓：在孩子的童年尽量不要抹杀他们的好奇心和探索心，不要让我们的既定思维禁锢了他们的胜于蓝。我们只是他们路过的一道风景，我们只是他们路过的一盏灯，我们只是托起他们明天的一双手，我们应该有一双关注他们飞翔的眼睛，带着爱意送他们远行！

童喜喜：授之以鱼不如授之以渔。

潇：鱼与渔的问题，鱼乃眼前利益，迷惑了众多家长。

秋雨枫叶：教是为了最终的不教，让孩子学会自己学习。从被动学习到主动学习有一过程，真心希望学校和家长真正为孩子的成长付出，而不仅仅是关注分数。人的大脑是用来思考问题、解决问题、创造价值，不仅仅是死记答案。呼吁大家有责任感，别让花朵过早凋零。

天微晓：教是为了不教，我们也可以理解成教学习知识的方法是为了不教知识。知识是无穷尽的，现代社会的教师不可能把所有的知识教给学生。但是，我们可以把学习知识的方法教给学生，让他们自己去学习自己想要的知识。

教育不是为了考试

我们不否认考试在学习上的价值：它的价值在于考验学生的学习过程是否正确与学业知识达到了何种程度。为便利计，在现在非普及的教育制度下，它也被用以评定学生的成绩，作为督促学生用功的一种方法。然而，渐渐地这种方法被重视得过分了，教育的成绩不良，学生对于功课没有兴趣，唯一的补救办法，似乎只有把考试加紧。于是有了重重的考试；于是学校和学生都把应付考试作为一种严肃的功课；于是所谓指导应考的投机书籍，便代替了正式的课本和有益的参考读物，而占据在许多中学青年的案头了。我们借用今年的一种时髦的说法，现在的教育似乎不是以求取知识为“本位”，而是以应付考试为“本位”了。

……

我们更应该纠正的是对于考试的根本态度。现在有人要用考试作为一个个的圈儿，把读书人的心拴住；被考试者则把它看作一道道的关口，希望能侥幸通得过去，这样还有什么教育的意义留存下来呢？我们竭诚地希望负责教育者注意：考试只能在学习的过程中占一个小小的位置，把它过分地重视，甚至忘却了求取知识的本义，对于学生是无益有害的。（《知识本位与考试本位》，载《叶圣陶集》第 12 卷，第 94—95 页）

朱永新解读

读书本来是一个愉悦的学习过程。通过一本本书籍，我们看到了一个个精彩的世界。这是求知的本义。

但是，在现代社会，读书、求知异化为考试、分数。甚至于整个学校生活，也围绕着考试和分数展开，考试和分数，成为教育的最高目的。

当然，这个问题滥觞于古代科举制度。到了叶圣陶先生的时代，这个问题已经非常严重了，而到了今天，可谓登峰造极。为什么考试和分数成为人们顶礼膜拜的对象？因为它是与其他功利性目标联系在一起的：在古代，考取秀才状元就能够当官做老爷，就能够有高官厚禄；在今天，有好的分数，就能够有好的工作、好的收入。所以，要消除考试、分数的负面影响，关键还要解决干部人事制度和收入分配制度的问题。

作为父母，要看清孩子的真正的幸福来源，其实不会是好的收入和地位，更重要的是好的人生态度。所以，让学习和读书少一点功利是很重要的事情。

网友感悟

窗边的豆蔓：我们的父母尤其应该记住：考试并不能衡量孩子的全部。每个孩子、每个人的一生都不能以一纸试卷来衡量，而对知识的追求，对智慧的渴望才应是永无止境并乐于去做的事。

祁县开心王：归还孩子求取新知的快乐和乐趣，享受学习生活的丰富和意趣，学习不是为了应付考试，是为了了解更多知识、方法和充实自己的心灵，创造和体验自由自在的生活……

童喜喜：应试教育异化了教育的本质。

卢志文：教学，不只为应试；课堂，不只是知识；评价，不只有分数——回归教育原点！

王俊森：人生一辈子，平凡活就是吃喝拉撒。换种人生态度，就是喜怒哀乐！学习只是让人能够好好活下去，不能让考试占据生命的全部，让其诠释生命。更不能让拜金、身价、物质充斥生命的灵魂！是的，我们应该好好体验生活，让对人生态度的认知作为我们生命的导航！

远水流：社会化常常是必然的事情，然而，太多东西被社会化了常常有不好的结果。作为父母，要看清孩子的真正幸福来源，其实不会是好的收入和地位，更重要的是好的人生态度。所以让学习和读书少一点功利是很重要的。

玉宇清华：人们习惯于用结果来评价教育，却忽略了过程比结果更为重要。重结果带给孩子的只有压力和逼迫；重过程才能有更多的关爱和帮助，孩子才会有更为丰富的对知识本义的体悟！

教育的目的是做人

受教育的意义和目的是做人，做社会够格的成员，做国家够格的公民。想到“做”字，就可以悟出光记住些什么是远远不够的。必得把某些精要的东西化为自身的血肉，养成永久的习惯，终身以之，永远实践，这才对于做人真有用处。（《读书和受教育》，载《叶圣陶集》第 11 卷，第 350 页）

朱永新解读

叶圣陶先生认为，受教育是上学的全部意义和整个目的，读书只是受教育的一种手段。所以，如果简单地把受教育理解为读书，就太狭隘了。

叶圣陶先生强调的是“做”，而不是“读”。他反复提出，学生读课本并不是目的，“真能懂得事物，真能明白道理，真能实践好行为，才是目的”。所以，现在的学校，现在的家庭、教师和父母，都是强调后者而忽略了前者。其实，父母们应该清楚，“读”是为了“做”，“做”不过是在实践“读”的东西。叶圣陶先生说的教是为了不教，教育就是为了养成好习惯，等等，也都是为了落实“做”这个字。做人做好了，做事也就没有大问题了。

网友感悟

爱的天使王杰：每个孩子都是独立的个体！每个独立的个体也是独立的人，教孩子先会做人才是教育的根本！家长应该认识到不同阶段孩子做人的道理是不同的，所以家长要跟上孩子的脚步成长，才能让孩子精神上的人健康成长！只有会做人做事才没问题！

zfyey 宁静致远：一个会做人的人，做任何事都容易成功。因为他在做事时总是替别人考虑，为大家着想，更容易获得人的尊重、信任和爱戴，他是行动的巨人。所以如果我们期盼孩子在将来能够有所成就，那我们一定要让孩子学会做人，哪怕孩子的读书成绩不是很优秀。当然，孩子什么都好是我们的美好愿望。

鹰城十年：“学”是为了“做”。人做好了，才能把事做好。孩子上学应该学会怎么做人、做事，而不应该只为了考试。

12345 程林：“做”只能在能力范围里做。“读”却可以博学知识改变心智模式，所以我认为“读”更重要。没理解“做”的内涵，怎学会做人？只有通过“读”来改变思维，才会去“做”好。父母更需要多读，给孩子创造学习的环境。孩子获取新知能力很强，只要你懂就时刻可以给孩子传授各类知识，在生活中学习记得更牢。

童喜喜：人对了，世界就对了。

梅之雪：读是为了做，思是为了行！教为不教，教育就是为了养成好习惯。受教亦应从此点出发，主动学习，养成好习惯。读书，要能懂事物、明道理，实践好行为。把某些精要的东西化为自身的血肉，养成永久的习惯，终身以之，永远实践。

陈复兴：怎么做“对”的人？庄子：此亦一是非，彼亦一是非；孔子：行有余力则以学文。做人难，做学问难，做教育更难。唯有教孩子自主判断、自主选择，才是正道。替孩子判断，替孩子选择，很要不得。

窗边的豆蔓：做人是个过程，千里之堤毁于蚁穴，不积小流无以成江河。在读书中感受到那些美好人格的魅力，渐悟渐行。

家庭教育会先入为主

儿童一切观念皆以先入为主，夫人而知之矣。当八九岁之时，正儿童渐与外物相接触而增进其智识之时也，于斯时无论何事，印其脑中即深镂而不可拔。试观老年人，于年壮时之事每不能记忆，而于儿时之事则历历能数记之，无丝毫爽。是可知矣。

然儿童一切观念，岂尽以先入为主哉？大半每因接触外物之久暂，而定其印入脑中之深浅。

儿童于八九岁时所接触者何？非学校即家庭耳，则亦无所谓先入后入也。然一日三分计之，学校得其一分，家庭得其二分，在学校之时间少，居家庭之时间多。况学校有假日，而家庭无一日离，家庭久而学校暂，从可知之。

学校中之接触，得之于师者，必无戕贼儿童之智识道德，可决言也。然而处学校之时既暂，家庭中之接触苟有戕贼儿童智识道德之事，则儿童将弃其学校中所得而就家庭。甚矣家庭教育之不可忽也，偶一不慎即生弊病。（《儿童观念之养成》，载《叶圣陶集》第11卷，第3页）

朱永新解读

家庭教育与学校教育，在儿童不同的发展阶段具有不同的作用。越是年幼的时候，家庭教育的作用就越大。尤其是在中小学阶段，更不能忽视家庭教育的作用。

叶圣陶先生认为，在小学阶段，家庭教育的作用甚至远远超过学校教育，因为孩子们大部分的时间是在家庭中度过的。而且“家庭久而学校暂”，学校有休息日节假日，家庭则无一日可以离开。

家庭教育的作用，与儿童“先入为主”的心理效应分不开。儿童早期的经验对于人一生的影响，怎么评估也不过分。为什么人们对于年幼的事情能够历历在目记忆犹新，而对以后发生的事情则记忆模糊？原因就在于儿童年幼时接触的东西、阅读的材料能够“印其脑中深镂而不可拔”。

网友感悟

窗边的豆蔓：其实孩子在母亲腹中孕育之时便已开始了生命之旅，接收着来自母体的一切感受：欢喜、惊惧、轻松、愉悦、悲伤……脐带连接的不仅是母亲和孩子的生命，还连接着精神的心有灵犀。好妈妈以身作则尤为重要！

爱的天使王杰：家庭教育是一切教育的基础的基础！家庭教育更多的是受母亲的影响！母亲为了自己的孩子付出了很多时间和精力！我们的学校也会很开放的接纳我们的孩子！孩子的人生从此也会不同呀！

童喜喜：家庭教育是一切教育的基石。

步社民：家庭教育因为有先入为主效应，负责任的家庭应该慎重考虑让孩子“先入”什么。“孟母三迁”应该就是这种慎重。但“迁”解决的是外围，而对孩子“先入”更多的是家庭内部。良好知性的家庭氛围是孩子成长最好的生态。相信孟母成就孟子不仅有“迁”效应，更有积极的亲子互动和自身品质对孩子的耳濡目染。

金盏花儿：家长最爱说的一句话：“这孩子最听老师话了，以后要老师多管教了！”殊不知，孩子在进入学校前已经不是一张白纸了，很多问题的根源在家庭。家庭环境若不改变，学生也就难以改变。

蓝旗袍88：家庭教育是核心的核心，特别是家庭给予的爱与安全感，是最好的滋养。树苗的根正了，才能长成参天大树。

父母应该是教育专家

“教育是专家的事业”，这句话近来几乎成了口号，但是这意义仿佛向来被承认的。然而一为父母就得兼充专家也是事实。非专家的专家担起教育的责任来，大概走两条路：一是尽许多不必要的心，结果是“非徒无益，而又害之”；一是给了个“无所有”，本应在儿女的生活中给充实些什么，可是并没有把该给充实的付与儿女。（《做了父亲》，载《叶圣陶集》第5卷，第312—313页）

朱永新解读

做父母的一般有两种倾向。一种是不闻不问，任其自然，从来没有与孩子共同生活；一种是自认为是“专家”，把自己的意志强加给孩子，操了许多不应该操的心，让孩子失去了真正的童年，从某种意义上比前一种更糟糕。

养不教，父之过。既然教育是专家的事情，那么，父母也应该是不同程度的教育专家了。可惜，大部分父母是在不懂得教育的情况下成为父母的，就像没有学过驾驶的司机上了高速公路，家庭教育中无疑惊心动魄危险非常。所以，父母还是应该努力学习一些教育学、心理学、儿童发展等方面的知识，努力与孩子一起成长，做一个真正的教育“专家”。

网友感悟

暖暖妈妈：每个孩子都不一样，父母只要爱学习，都可成为教育自己孩子的“专家”。

窗边的豆蔓：养儿方知父母恩，为人父母是一件 24 小时永不退休的工作，且不能辞职！未来充满未知，唯有尽心尽力做好本职工作！不负此生！

张建：“度”很重要。“过”与“不及”都有害。

星 - 廿三画生：事实如此，但这不是他们的错，既然承认孩子是有差异的，每个孩子的父母有差异也理所当然，我觉着用适当的方式给予引导才是关键。

童喜喜：父母应和孩子一起成长。

领亲教育：家长学习教育孩子是弹性需求，不像孩子生病必须马上去看是刚性需求。所以大多数家长都不去学亲子教育知识，完全凭自己的想法去教育孩子；或者放任孩子不管，托付给学校、校外教育机构。这是中国家庭教育的症结。

天微晓：因为只有一个孩子，父母也就只有一次教育孩子的机会，做父母的每一天都是新的。所以，父母对孩子的教育很重要。生活中父母大多不是教育专家，怎么办？学习。和孩子一起学习，学习怎样爱孩子，学习怎样听孩子说话……

何谓教育家

彼名实相符之教育家，决不视学子为土坯，可以抟塑随心，亦不拟学子于空瓶，唯事灌注充塞。固知人各有能，始于孩提，因势利导，则其能如木抽条，如水导流，畅然沛然，莫之能御。又知习成于群，群积自人，非善群无以养良习，习弗良即为群之玷。而己之所务，端在善导其能，利养其习于善群之中。不忮不求，不为助长，纯任自然，若无所施者。教育家不当若是乎？彼固故不欲有所蕲，有所取，而唯以役于学习，为之辅佐为乐者也。（《政治家》，载《叶圣陶集》第6卷，第108页）

朱永新解读

这是1945年1月叶圣陶先生以微庵的笔名在成都《新民报》上发表的短文《政治家》中的一段。叶圣陶先生认为，做政治家，首先要成为教育家。而要成为教育家，不是“徒拥校长教授之号，妄操训诫讲述之役者”，也就是说教育家不是随心所欲地把学生视为土坯去任意塑形、把学生视为空瓶去任意灌注。教育家不能够拔苗助长，也不能无所作为，而应该因材施教，因势利导，成为学生成长的辅助者，用群体和团队的力量熏陶学生，让学生成为真正的自己。

这段话是说教育家，也是在说父母。亲爱的父母们，爱孩子需要智慧，智慧则需要学习。既不能够拔苗助长，也不能够无所作为，应该根据孩子的天性和特长，因势利导，顺水推舟，帮助他们谨慎交友，做他们成长的助推者。

网友感悟

暖暖妈妈：每个父母，只要别停下自己成长的脚步，别放慢学习教育孩子的方法的速度，都会做好孩子们成功的助推者。

窗边的豆蔓：发现孩子，引导孩子，成就孩子，成就自己。

橙黄橘绿时：孩子不是白纸，任你涂抹；不是泥，任你捏塑；不是瓶，任你填塞。他（她）是独立的个体，有自己的性格特点和需求愿望，尊重他（她）们的能力水平、个性特点，尊重孩子的兴趣需要。自发自主地学习、生活是他（她）们生命活动的表现形式。一个人真正成长的力量来自于内在，所以我们父母、老师要把握好在孩子成长过程中自己的角色定位，做搭梯子的人，做辅助者。

完美生活：这个世界上所有的爱都以聚合为最终目的，只有一种爱以分离为目的，那就是父母对孩子的爱。父母真正成功的爱，就是让孩子尽早作为一个个体从你的生命中分离出去，这种分离越早，你就越成功。

爱来过：昨天看《斯宾赛快乐教育全集》中有句话："成人因爱而犯的错误，需要孩子用一生的痛苦来承担。"

两种教育观

关于教育的见解，千差万别，可以扼要地区别起来，也很简单，大致可以分为相反的两派。就教育的目标说，一派希望受教育者成为工具；另一派希望受教育者成为人，独立不倚的人，不比任何人卑微浅陋的人。就教育的理解说，一派认为受教育者像个空瓶子，其中一无所有，开着瓶口等待把东西装进去；另一派认为受教育者自有发掘探讨的能力，这种能力只待培养，只待启发，教育事业并非旁的，就只做那培养和启发的工作。就教育的方法说，一派注重记诵，使受教育者无条件地吞下若干东西；另一派注重创发，不但使受教育者吞下若干东西，尤其重要的在使受教育者消化那些东西，化为自身的新的血液，新骨肉。（《“生活教育”——怀念陶行知先生》，载《叶圣陶集》第6卷，第254页）

朱永新解读

这是1946年10月叶圣陶先生为纪念陶行知先生而撰写的一篇文章。

叶圣陶先生从教育目标、理解和方法三个方面全面审视和比较了两种教育观。前者把学生作为工具，后者把学生当作人；前者把学生作为容器可以任意填充，后者把学生作为学习的主体只需辅助；前者注重记忆，后者注重创造。

毫无疑问，陶行知先生及其开创的生活教育，属于后者。前者的教育因为把学生作为“工具”，所以是“为人”之学；后者的教育因为把学生作为“人”，所以是“为己”之学。前者是要人成为驯服的工具，后者是要人成为独立思考、独立行动的人。

亲爱的父母们，你是希望孩子成为工具，还是成为人呢？如果你的选择是后者，那么，你应该采取什么样的行动呢？

网友感悟

yuancheng：教育应该是面对人的事业，做父母的、做老师的要想他的教育行为有效果，必须目中有人。

窗边的豆蔓：只有真正尊重生命的人才是真正的教育者！

橙黄橘绿时：叶圣陶先生对比了相反的两派的教育目标、教育理解、教育方法的不同。我想，把孩子当工具、当空瓶的父母、老师，习惯以自己为本，以自己为主，从自己的角度考虑问题，从自己的角度拟定孩子的目标与方向。而希望孩子最终成为一个独立的人，一个有发掘探讨、独立思考能力的人的父母与老师，擅长以孩子为本，总是根据孩子的状况、身心需要拟定合理的教育目标、教育方法。真正有智慧的父母、老师不会手把手地带孩子进入知识的殿堂，只会带孩子走向自身能够理解的那扇门。

窗边的豆蔓：做一个尊重生命的人，做一个尊重生命的父亲或者母亲，做一个尊重生命的老师。

罗摩衍那：头脑不是容器，而是等待被点燃的火把。

养不教父母过

教育是附丽于人而后显出它的作用的，离开了人，也就没有教育了。所以说教育的错失，意思就是负有教育责任的人的错失。对婴儿和孩子负有教育责任的，当然是父母。做父母的倘若没有好的教育，也没有可以改正的不好的教育，只是不教育，就是一个重要的错失。婴儿和孩子时期，在一个人的一生中多么紧要，一切人类的理解习惯，都从此获得；若能受到好的教育，岂不更可以超越地进取；反过来说，倘若受不到一点教育，就是极深重地被损害。而父母便处于损害者的地位，因为他们是负有教育责任的人，但是并没有教育他们的子女。（《父母的责任》，载《叶圣陶集》第 11 卷，第 49 页）

朱永新解读

“养不教，父之过。”这是中国传统文化的家教观念。但是，在现代社会中，确有许多父母把教育的责任简单交给学校和老师。其原因，一是的确自己不具备教育孩子的基本知识和技能，干脆往老师那里一推了之；二是用工作忙事情多为借口，躲避教育的基本责任。

叶圣陶先生认为，婴儿和幼儿时期对于人的一生有关键的影响，所有的认识和习惯都是这个时期打下的基础。所以，这个时期家庭中父母的影响和教育就显得格外重要。教育当然有正确和错误之分，父母不是天生的教育家，许多教育经验和理念是在实践中学习和体认的。犯点小错误也没有关系，最可怕的是“不教育”，这才是最大的错误。

勇敢地负起教育孩子的责任，这是父母必要的担当。

网友感悟

mynisky2a：我觉得叶老至少遗漏了父母中的这样一种：不懂教育却又有教育的责任心。这样的父母可能是对孩子负面影响最大的，远比不教育更可怕。他们很多时候不知道自己犯的是大错误还是小错误，甚至不认为自己在犯错。不教育对孩子至少还留有更多的可能性，也有少数因为成长的“自由”而成功的例子。

童喜喜：阅读是自学的重要办法。

天微晓：父母是孩子的第一任老师，也将是孩子终身的老师。父母应当教育孩子的责任意识直接影响着孩子将来做人做事的责任意识。

教育是父母对孩子的深爱

父母爱自己的子女，喜欢给他们吃肥美的食物，穿温厚的衣服。这固然不错：子女身体上的要求，父母能使他们满足，不能说这并不是爱。但是能够给子女以教育，更是深浓强烈的爱，因为饱了他们心灵的饥饿，暖了他们心灵的寒冷了。若能适宜地生育子女，一一予以教育，当然是父母的深爱；倘若自知不能教育而不生子女，也见得对于未生者的无穷的爱。（《父母的责任》，载《叶圣陶集》第11卷，第51页）

朱永新解读

现实生活中我们经常可以看到，许多父母比较重视满足孩子的身体的需求，挑最好的食物给孩子，买最好的衣服给孩子。他们认为这就是对孩子的爱。

其实不然。

真正的爱，是给孩子心灵上的关怀，是给孩子合适的教育。叶圣陶先生认为，教育子女本身是事业的重要组成部分，是作为一个成人的基本义务和责任。如果放弃了这个责任，“就是不爱自己的子女，就是不应当有子女”。

也就是说，如果父母自觉缺乏教育子女的能力时，不妨先不要忙着生孩子。与其让孩子不能够得到合适的教育，还不如先不要让他来到这个世界。这也是对孩子的深爱。

网友感悟

mynisky2a：既然有了孩子，父母就有了责无旁贷的教育义务。给孩子最深的爱，不是以爱为名的妨碍！

窗边的豆蔓：先生宽爱，的确有不喜爱孩子的人，那么丁克无疑也是很好的选择；一旦为人父母，深知自己父母苦辛，当尽力以“胜于蓝”教育自己的子女。

爱的天使王杰：一个人的生存是靠两条腿的，一条是物质之腿，一条是精神之腿！现在大多的家长都会满足物质的腿，却不太懂得怎样满足精神也就是心灵的呵护！当孩子和老师发生冲突了，家长要怎样沟通做到三赢呢？为人父母是要学习的，信息时代的到来真的需要家长学习后再要孩子！这才是真正的负责任！才是真正的爱自己的孩子！

童喜喜：物质越富足，越渴求精神。

远水流：物质固然重要，但精神更加不能荒废。一个人真正能够战胜磨难，靠的是心灵与精神的无穷力量。

六弦琴韵：每个阶段对于孩子的教育要求是不同的，今后除了满足孩子物质上的要求，更多的是关注精神层面。在给予其健康身体的同时，更要让其有积极向上、阳光健康的思想。

看看自己生气的模样

小朋友顽皮的时候，或者做功课显得很愚笨的时候，我绝不举起手来，在他们的身体上打一下。打了一下，那痛的感觉至多几分钟就消失了；就是打重了，使他们身体上起了红肿，隔一两天也就没有痕迹；这似乎没有多大关系。然而这一下不只是打了他们的身体，同时也打了他们的自尊心；身体上的痛或红肿，固然不久就会消失，而自尊心所受的损伤，却是永远不会磨灭的。我有什么权利损伤他们的自尊心呢？并且，当我打他们的时候，我的面目一定显得很难看，我的举动一定显得很粗暴，如果有一面镜子在前面，也许自己看了也会嫌得可厌。我是一个好好的人，又怎么能对着他们有这种可厌的表现呢？一有这种可厌的表现，以前的努力不是根本白费了吗？以后的努力不将不产生效果吗？这样想的时候，我的手再也举不起来了。他们的顽皮和愚笨，总有一个或多个的原由；我根据我的经验，从观察和剖析找出原由，加以对症的治疗，哪还会有一个顽皮的愚笨的小朋友在我周围吗？这样想的时候，我即使感情冲动到怒不可遏的程度，也就立刻转到心平气和，再不想用打一下的手段来出气了。（《如果我当老师》，载《叶圣陶集》第 11 卷，第 131—132 页）

朱永新解读

小学教师不应该举起他们的拳头惩罚孩子，难道我们的父母就有权利打他们的孩子吗？

叶圣陶先生说得好，打孩子，身上的疼痛是可以很快消失的，但是心上的疼痛却是永远不会磨灭的。人的尊严，做人的自尊心一旦被摧毁，孩子将很难真正地站立起来。

俄国教育家皮果罗夫曾经说过，“抽打只能改造那些精神脆弱的，用甚至不那么危险的方法也可以改造过来的人。”教育是心灵的艺术，皮肉之苦永远解决不了心灵的问题。

亲爱的父母啊，一定不要相信那些“鞭子本姓竹，不打书不读”

“不打不成材，一打分数来”的鬼话，一定要记住保护孩子们的自尊心。如果有了打孩子的冲动，不妨像叶圣陶先生说的那样，拿一面镜子看看自己生气的模样。

网友感悟

暖暖妈妈：教育是心灵的艺术，打骂孩子只能离孩子的世界越来越远。要和孩子做朋友，做真正意义上的朋友。

枫桥夜泊4141：教育是心灵的艺术，皮肉之苦解决不了心灵的问题。学习，是养成习惯，不在分数高低。孩子淘气，是天性，所谓：人之初。今天学到个东西，生气前准备一面镜子。愿镜子的魔力，让“生气”从地球上消失。

albert督督：我的手很小，无论在何时，请不要要求我十全十美。我的腿很短，请让我慢些走，好能跟上您。我的眼睛不像您那样见过世面，请让我自己慢慢地观察和发现。我还希望您不要对我过分的限制。童年是短暂的，请您多花点时间陪我，给我讲讲世界的神秘。等我长大回忆起童年，里面铺满了您的笑容。

童喜喜：教育也是以心换心。

球妈：是啊，心灵的问题需要用爱和智慧去解决，这是不容易做到的。但打孩子让他不再这样做却是既容易做到又马上见效的，所以更容易被家长（不仅仅是父母）所使用。然正因如此才需格外警惕！

夏日阳光：有自尊的孩子才会有自信，这面镜子太重要了！

云水禅心gxy：言传身教，春风化雨！

当“孩子王”的乐趣

儿童是最容易受影响的，小学教师要从各方面给他们好的影响，使他们往后升学或者就业都得到好处，一辈子立身处世都得到好处，这是多么重要的工作。受这么重大的信托，干这么重要的工作，只要是有志气的人，必然会从心底里透出一句肯定的话：小学教师确实值得干。

当小学教师可不容易，我在一九一二年开始当小学教师，当初以为教孩子们识字读书学算术，没有什么难。谁知道教了几天就觉得难。要他们真正领会我的讲解，难。要他们鼓起热情来答问题，做练习，难。还有揣摩他们的心理，捉摸各人的脾气，无一不难。那时候并没有人给我提示说“切莫在困难面前低头”，可是我总算不曾知难而退。随后我渐渐感到干这事业有些乐趣。全班孩子聚精会神地学功课，差不多连自身都忘了的时候，我乐。某几个孩子毫无拘束，跟我说些家里的情形或是所见所闻所想的时候，我乐。某个孩子回答问题，说得明白透彻，某个孩子练习演讲，讲得有条有理，某个孩子犯了过失，经我劝说，掉下了悔悟的眼泪，这些时候我都乐。我并不是说那时候我已经懂得孩子。老实说，懂得孩子是一门大学问，我至今还没有参透这门大学问，可是我确实不曾把小学教师这个岗位看做“鸡肋”，现在想来，大概就在其中有乐趣。（《小学教师的工作》，载《叶圣陶集》第11卷，第256—257页）

朱永新解读

当“孩子王”的困难和乐趣，对于父母和教师来说，是相同相通的。

当孩子又哭又闹，你不知道他为什么哭闹的时候，你肯定既苦恼又无奈。

当孩子缠着你讲故事，你腹中空空，无话可说的时候，你肯定还是既苦恼又无奈。

但是，只要你像叶圣陶先生那样不在困难前面低头，不是知难而退，而是努力知难而进，一定也能够达到他说的快乐的境界。

儿童是一个世界。这个世界的许多事物，对于今天的我们来说，仍然是一个谜。但是，也正是儿童的丰富性、复杂性，充满着变化和不确定性，才是对我们的挑战。征服一个个困难，解开一个个迷津，才会让我们更加有成就感。你才会真正感觉到与孩子一起成长的快乐。这种快乐，是任何职业都无法给予的。

父母们，做一个快乐的“孩子王”吧，跟着孩子重返童年、重新成长！

网友感悟

apple：当“孩子王”需要极大的耐心和爱心。

tianlihua：如果，当下的教师都能如此认识教育，以及履行教育之真谛的话，中国一定会可爱许多！

杨小丽：儿童是一个世界，我要做儿子的孩子王。

345990878：嗯，只有亲身体会才会感悟，在农村里，对于孩子的学习老师要比家长付出多得多，在感悟老师角色重要的同时也感觉到责任重大。严以律己，用自己真善美的言行影响孩子也许会让孩子一生受益！好好加油好好努力！

凌子：还孩子快乐的童年，是我们当代教育必须合力做好的一件事情。但是，这又是很困难的一件事。

阿弥陀佛：身教就是身教，行为的细节都是教育，而这一切都需要一个基本的判断，对孩子明天的影响是什么。这其实是所有教育者内心应该有的一个准绳。

flyingfish：有人曾说过，父母与孩子是一起成长的！不管孩子还是父母，每个人都是一个变量，所以这个过程没有公式可寻，没有捷径可走！

原生态笔记：当个老师，的确也不错！

袋鼠宝宝：为人师者无论什么阶段都很重要！父母更如此！

办教育与种庄稼相仿

最近听吕叔湘先生说了个比喻，他说教育的性质类似农业，而绝对不像工业。工业是把原料按照规定的工序，制造成为符合设计的产品。农业可不是这样。农业是把种子种到地里，给它充分的合适的条件，如水、阳光、空气、肥料等等，让它自己发芽生长，自己开花结果，来满足人们的需要。

吕先生这个比喻说得好极了，办教育的确跟种庄稼相仿。受教育的人的确跟种子一样，全都是有生命的，能自己发育自己成长的；给他们充分的合适的条件，他们就能成为有用之才。所谓办教育，最主要的就是给受教育者提供充分的合适条件。

办教育决不类似办工业，因为受教育的人绝对不是工业原料。唯有没有生命的工业原料可以随你怎么制造，有生命的可不成。（《吕叔湘先生说的比喻》，载《叶圣陶集》第11卷，第344页）

朱永新解读

这是叶圣陶先生晚年所写文章中的一段文字。文章中还用了丰子恺先生题为《教育》的一幅漫画的故事。说丰子恺先生画一个做泥人的师傅，一本正经地把一个个泥团往模子里按，模子里脱出来的泥人个个一模一样。做泥人，用泥团做原料，往模子里一按，就成了产品——预先设计好的泥人。“可是受教育的人决非没有生命的泥团，谁要是像那个师傅一样只管把他们往模子里按，他的失败是肯定无疑的。”

教育不是工业。教育面对的是有生命的个体，所以教育更像农业。但叶圣陶先生也指出，教育又不同于一般意义上的农业。如果把办教育跟种庄稼相比，有相同也有不相同。相同的是工作的对象都有生命，都能自己成长，都有自己成长的规律。“不同的是办教育比种庄稼复杂得多。种庄稼只要满足庄稼生理上生长的需要就成，办教育还得给受教育者提供陶冶品德、启迪智慧、锻炼能力的种种条件，让他们能动地利用这些条件。”

人是世界上最复杂的生命体。所以，教育应该是世界上最复杂的劳作。父母们如果特别用心，特别细心，认真琢磨孩子的每一个细微的变化，认真注意教育的每一个细节，就能帮助孩子更好地成长。

网友感悟

445325387：教育如同种庄稼，说得真好！不是所有人种的水稻都像袁隆平的那样优质高产，只有特别细心、特别用心的人，才会有丰厚的回报。正所谓一分耕耘一分收获啊！

我想有颗星星：教育就像种庄稼，简单易懂。种庄稼更重要的其实是等待，相信岁月、相信种子。看到这篇文章不知怎么我就想到了“拔苗助长”的故事。咱们家长只要不干这种蠢事，看天时季节种庄稼，基本不会有大问题。

渴望飞向蓝天：教育本就应该像种庄稼一样，每一个孩子都是一颗独一无二的种子。可悲的是，现行的教育体制却要培养出只会考试的学生，我们教师在拼命地把每一个不同的孩子摁到一个同样的模具中……

童喜喜：孩子是生命的种子，是未来的种子。

谢朝香 Lily - rose：教育下一代的责任重大，现今 80 后父母也算呕心沥血，只是我们用心去探究，会发现教育孩子事半功倍的方法是，将他们放在一个良好的成长环境里，包括学校环境和家庭环境。孩子学习能力不用担心，我们做父母的，更重要的是创造良好环境。

天微晓：如果说“教育和种庄稼相仿“，我们就要为孩子这粒即将发芽的种子准备优良的学习环境、卓越的学习榜样、优美的童诗、经典的童书……让孩子在科学的“田间管理”下茁壮成长。

教育的“收入”与“付出”

人们常说“教学相长”。教孩子学习各种学科，最要紧的是教师自己熟习那些学科。所谓熟习，意思是不仅记住那些学科的内容，而要把那些内容消化了，随时随处都能拿出来运用。熟习是没有止境的，在教中可以学，向年长于我的同事学，向我所教的一班孩子学。怎么说向我所教的一班孩子学呢？他们天天在我面前上课游戏，做种种活动，只要我能随时留心随时想，这些个全是活生生的教材，随时在那里教我怎样懂得他们，怎样教他们。

除了一边教一边想办法，还要抽时间进修。有些教师不这么做，以为凭现有的一些知识和能力尽够对付了，以为当了教师，就可以只管“付出”，不必讲求“收入”了；结果往往会感到拮据，能“付出”的不够充裕，工作做不好，事业心也不免因而动摇。所以我要告诉准备走上小学教师岗位的青年人，在不断“付出”的岁月里，同时要源源不断地谋求“收入”——就是说要努力进修。“收入”越丰富，工作越能左右逢源。（《小学教师的工作》，载《叶圣陶集》第11卷，第257—258页）

朱永新解读

过去经常说，要教给学生“一杯水”，教师自己就应该有“一桶水”。

现在看来，教育远远不像倒水那么简单。学生不是一个死的杯子，任你倒水。倒猛了，一桶水可能在杯子里也留不下多少；倒偏了，一桶水可能全部流到了杯子外面。

但有一条是肯定的：教育者应该努力走在学生的前面，应该不断学习，向自己的学生学习，向其他老师学习，向书本学习，在教中学，在学中教。如果只是“吃老本”，就会“坐吃山空”，就会“入不敷出”，就会“囊中羞涩”，用叶圣陶先生的话来说，就是能付出的不够充裕，工作就做不好，事业心也会因此而动摇。

教育是一个充满挑战的职业，只有不断让自我得到锤炼与成长，教育他人时才会左右逢源，顺风顺水。如果只是拿着一张教育的旧船票，每天重复昨天的故事，那么一定无法满足学生的需求，无法胜任工作的要求。

独生子女政策，让绝大多数父母都只有一次教育子女的机会，和教育着、教育过成百上千孩子的老师相比，父母不仅相对而言欠缺教育理论，也缺乏教育经验，这样的情况下，父母更需要通过学习，掌握教育的客观规律，才能顺利培养出好孩子。

网友感悟

梅之雪：确实如此，孩子使我们成长。在孩子的成长过程中，大人确实需要向孩子学习，学习怎样懂孩子，学习怎样教孩子。孩子的问题都是家长的问题，孩子就像家长的一面镜子，在那里我们看到自身的种种不足，孩子是家长最好的成长伙伴，在孩子那里我们能感受到自己生命的第二次成长！

童喜喜：和孩子一起成长。

奚新梅：教学相长既是师生共同成长，又是教和学的相生相伴。

天微晓：通过阅读实实在在地提升自我，虽然付出了时间和精力，换来的确实是教学中的游刃有余。

忠诚地叫声“小朋友”

我如果当小学教师，决不将投到学校里来的儿童认作讨厌的小家伙、惹得人心烦的小魔王；无论聪明的、愚蠢的、干净的、肮脏的，我都要称他们为“小朋友”。那不是假意殷勤，仅仅浮在嘴唇边，油腔滑调地喊一声，而是出于忠诚，真心认他们做朋友，真心愿意做他们的朋友的亲切表示。小朋友的长成和进步是我的欢快；小朋友的羸弱和拙钝是我的忧虑。有了欢快，我将永远保持它；有了忧虑，我将设法消除它。对朋友的忠诚，本该如此；不然，我就够不上做他们的朋友，我只好辞职。（《如果我当教师》，载《叶圣陶集》第11卷，第129页）

朱永新解读

这是叶圣陶先生在1941年写的文字。虽然是从教师的角度谈如何与孩子交朋友的事情，其实，对于父母们来说，也是同样值得认真研读的文字。父母，是孩子的第一任老师，父母，何尝不需要与孩子们交朋友呢?

无论你的孩子是男孩还是女孩，是聪明还是笨拙，是干净还是肮脏，你都应该接纳他、喜欢他。既然是朋友，就是平等的，没有高低贵贱之分。既然是朋友，就要患难相济，互帮互学，彼此忠诚。

每个孩子都是天使，都值得我们用整个生命去爱他、呵护他。甚至，每位父母只有努力使自己好好成长，才能够有资格成为孩子的朋友。

网友感悟

刘奕涵05G：努力做孩子的朋友，即使她表现不好的时候，我也要以平常心对待她，帮助她，努力做到不发火，呵呵。

窗边的豆蔓：每个孩子都是天使，每个孩子都曾经有过澄澈的眼睛和百合花一样纯洁的心灵。我们祈愿世界和平，我们祈愿每天都可以看见孩子的笑脸，听到他们欢快的飞翔在云中的笑声，闻见他们身体散发的如花蕊里弥漫的幽香。爱他们，在睡前亲吻他们光滑的脸颊，或者轻触他的额头，说“我爱你”，其实当我们真的想写一首诗的时候，我们会发现即使像春天爱大地一样都远远不够。爱我们的孩子，要相信他们只是在某一方面拙于成长，而更多方面他们很棒很优秀！不管她是美丽的天鹅还是丑小鸭，不管他是调皮还是憨厚，不管她是灵芝还是一茎草，不管他是干净还是邋遢，都是从我们而来。但请一定记得，他们不属于我们，他们属于我们看不见的明天，只有我们的爱可以伴随他们上路，我们可以目送，却不能替代他们飞行……

祁县开心王：对朋友忠诚，是人的性德的组成成分。视每一个小朋友为自己的朋友，自然要真诚相待，忠诚友谊。记得有人说过，真正的忠诚，即便是掉在地上粉碎了，也片片都是忠诚的呢。发自内心对孩子的尊重，源自于对生命的热爱，对人类自身的热爱，孩子是充满希望的生命，有待塑造和引领陪伴的生命，教育者的责任自然就责无旁贷、义不容辞地显现出来了。忠诚于孩子，也是性德的自我完成，这样的过程是发自内心的愉悦和快乐的，也是幸福而充满温馨的。

桃花仙子：自己的娃儿自己爱。爱自己的孩子是没有问题的。难的是老师对学生的爱，要公平公正，这样孩子们敏感的心灵才不会感到老师偏心了。

颦尽浅笑：做孩子的朋友，不能只是流于形式，要实实在在的付诸行动。比如：孩子帮你做了事情，要真诚的说声谢谢；你误解了孩子，要真诚的说声对不起；和孩子玩游戏也要遵守规则，不能“倚强凌弱”；家里的事情要让孩子发表意见……不能因为你是爸爸或妈妈，而高高在上，让孩子和你有距离感，要尊重孩子的意愿，一定要做到“蹲下来讲话，抱起来交流，牵着手教育”，做孩子真正的朋友。

荒漠之舟：教育者的爱心，播撒在孩子的心田，会融化一片冰，解冻一块土。互相信任与支持，也使学习环境融洽，教育将更有效。

童喜喜：父母孩子一样大。

李卫东：成长不是孩子的专用词，父母一样需要成长，需要心灵的成长，需要爱的成长，需要学习的成长。随着年龄的增长，更需要越发童真的成长——为了孩子，更为了自己！

雨逸：大人常常看到的是小朋友的“小”，常常忽略了“朋友”的意义。

习惯养成从最初开始

养成习惯不容易，习惯养成了要更改尤其难，所以在最初必须注意，要使孩子们养成好习惯。也举个浅显的例子来说，在孩子们识字之初，就注意养成他们辨认笔画和咀嚼字义的习惯，他们笔下就不会有很多错别字。现在大家看到学生笔下错别字很多，感到头痛，想方设法消灭错别字，老师消灭不了。原因何在呢？我说，原因就在于开始不曾注意使他们养成辨认笔画和咀嚼字义的好的习惯，他们就自然而然养成了忽略笔画和字义的不好的习惯。不好的习惯也是习惯，既已养成，要更改就不容易了。跟其他习惯比较起来，字写的错不错不算太重要，譬如待人接物，就比较重要。务必使孩子们养成好的习惯，而且要一开始就注意，我看也是教师终身的座右铭。（《小学教师的工作》，载《叶圣陶集》第11卷，第259页）

朱永新解读

万事开头难，开头就不难。叶圣陶先生对于习惯养成非常重视，他非常敏锐地发现，教育就是培养习惯的过程。爱因斯坦也曾经说过类似的话语，他在解答什么是教育的问题时说，教育就是把学校教的所有的知识全部忘记以后剩下来的东西。我想，这个东西应该就是习惯。

叶圣陶先生告诉我们，养成一个好习惯，比改正一个坏习惯要容易得多。这就是说，与其等孩子们形成不良的坏习惯后再去纠正，还不如在坏习惯没有形成之时，先用好习惯占领之。

例如随地吐痰，一开始就让孩子随时准备小手帕或者卫生纸，吐痰时或者吐进痰盂，或者用卫生纸包着，再丢进垃圾箱。形成了动力定型以后，就不会再随地吐痰了。

再如高声喧哗，一开始就提醒孩子，任何时候在公共场所与别人交流时，不可目无旁人大声讲话，而应该轻声细语，不影响别人。久而久之，就养成了轻轻说话的习惯。

记得有一位诺贝尔奖获得者曾经说过，他一生中最重要的东西是幼儿园老师教的，那就是像前面提到的这些好习惯。所以，父母们不妨给孩子列一个好习惯清单，一项一项地培养、落到实处。

网友感悟

窗边的豆蔓：不积跬步无以至千里，不积小流无以成江河。冰冻三尺非一日之寒，骐骥一跃不能十步，驽马十驾功在不舍。当我们重视的是好习惯的养成而不是一张好卷子的标准答案，知识才会开出花来。

LOVEHOME：教育就是把学校教的知识全部忘记后所剩下的东西，即习惯。思想决定行为，行为决定习惯。所以教育就是思想教育、如何做人，知识是额外的、自发的收入。

爱的天使王杰：习惯决定性格，性格决定命运！也就是说习惯决定命运！人生最初三年的习惯决定了一个人一生的习惯！3～6岁是矫正习惯的最佳时期！过了这段关键期再改变，就要付出双倍甚至更多倍的努力才行！我的宝宝赶上了头三年的关键期！妈妈就是让他养成好习惯的最好的雕塑者！努力让我自己有好习惯！其实孩子是模仿着我们的习惯养成他们的习惯的。

童喜喜：习惯成自然。

天微晓：帮孩子走好成长的每一个第一步，做父母的首先要养成一种习惯，给孩子留下美好的第一印象；做老师的也要养成一种习惯，给孩子留下准确的第一印象。这样，孩子们才能从一开始就养成好习惯。

养成好习惯

我想“教育”这个词儿，往精深的方面说，一些专家可以写成巨大的著作；可是，往粗浅的方面说，“养成好习惯”一句话也就说明了它的含义。无论怎样好的行为，如果只表演一回两回，而不能终生以之，那是扮戏；无论怎样有价值的知识，如果只挂在口头说说，而不能彻底消化，举一反三，那是语言的游戏；都必须化为习惯，才可以一辈子受用。养成小朋友的好习惯，我将从最细微最切近的事物入手；但硬是要养成，绝不马虎了事。譬如门窗的开关，我要教他们轻轻的，“砰”的一声固然要不得，足以扰动人家心思的“咿呀”声也不宜发出；直到他们随时随地开关门窗总是轻轻的，才认为一种好习惯养成了。（《如果我当老师》，载《叶圣陶集》第11卷，第129—130页）

朱永新解读

教育就是培养习惯。这是叶圣陶先生教育思想最重要的、最贴近生活的观点之一。新教育实验主张交给学生一生有用的东西，这个东西，其实就是习惯。

所以，叶圣陶先生主张，智育，就是帮助学生养成阅读、思考的习惯；德育，就是帮助学生养成乐于助人、善良待人的习惯；体育，就是帮助学生养成锻炼、保健的习惯，等等。行为习惯的养成，不能够纸上谈兵，需要不断实践、不断操练。

有人说过，播种一种行为，收获一种习惯；播种一种习惯，收获一种性格；播种一种性格，收获一种命运。所以，家庭教育最重要的事情，就是让孩子在不断地探索中真正找到自我，养成良好的习惯。

网友感悟

cdlpwhj：哪怕是一个好习惯也会让我们受益一生，如果我们一个月培养一个好习惯，一年还能培养12个好习惯呢，从今天做起！

蓝色的爱：好习惯是往银行存钱，享受一生；坏习惯是向银行贷款，终身还债。

桃花仙子：养成一个好习惯非常难，但也非常重要。因为好习惯连接着一种命运。如果我们都养成一种好习惯，我们的命运也会朝好的方向去；而我们如果养成一种坏习惯，那我们的命运就会往坏的方面去了。

老师：是的，我们的举手投足，你说这是一件小事，但它可以决定你的命运。所以这也是一件非常重大的事。

熊勇同学：好习惯就相当于一个马掌上面的4颗钉子，很重要。假如你是一个很好的人，你就把那四颗钉子都上好了，那么那匹战马驮着你奔驰沙场，你获胜的可能性就大了。如果你养成一个坏习惯，你就没有去上那4颗钉子，那个马掌就会掉。结果是倒了一匹战马，你还会被敌人擒住，你的命运就可想而知了。

才正：我觉得养成一个好习惯，受益的不仅是自己。假如你养成了一个好习惯，你的子子孙孙都会受你的影响，也养成好习惯，那他们都会有出息了。而如果你小时候养成了一个坏习惯，你的子子孙孙也可能都会像你一样养成那个坏习惯，那你这个大家庭就很可能会出问题了。

韆尽浅笑：好习惯是健康人格的基础，是成功人生的根本，更是成功的捷径。正所谓观念变，行动就变；行动变，习惯就变；习惯变，性格就变；性格变，命运就变；命运变，人的一生就改变。贵在坚持，难在坚持，成在坚持，好习惯在坚持中养成。为了成就一个好人生，从现在开始养成好习惯吧！搭上好习惯这一成功的快车，去实现自己的目标！

童喜喜：习惯成自然，好习惯就好得自然。

巴曙松：成功是一种习惯。

云淡风轻：优秀是一种习惯。

天微晓：当我们口口声声说着培养孩子的好习惯时，常常意识不到怎样做才算是培养好习惯。培养孩子的好习惯就是把一件小事坚持做到最好。当你决定培养孩子某一方面的习惯时，你自己就要做到有始有终。

不要养成“养成什么习惯的习惯”

哪两种习惯养成不得？一种是不养成什么习惯的习惯，又一种是妨害他人的习惯。

什么叫做不养成什么习惯的习惯？举例来说，容易明白。坐要端正，站要挺直，每天要洗脸漱口，每事要有头有尾，这些都是一个人的起码习惯，有了这些习惯，身体与精神就能保持起码的健康。但是这些习惯不是一会儿就会有的，也得逐渐养成。在没有养成的时候，多少要用一些强制功夫，自己随时警觉，坐硬是要端正，站硬是要挺直，每天硬是要洗脸漱口，每事硬是要有头有尾。直到“习惯成自然”，不待强制与警觉，也能行所无事的做去，这些就是终身受用的习惯了。如果在先没有强制与警觉，今天东，明天西，今天这样，明天那样，那就什么习惯也养不成。而这今天东，明天西，今天这样，明天那样，倒反而成为一种习惯，牢牢的在身上生根了。这种习惯就是“不养成什么习惯的习惯”，最要不得。为什么最要不得？只消一句话回答：这种习惯是与其他种种习惯冲突的，养成了这种习惯，其他习惯就很少有养成的希望了。（《两种习惯养成不得》，载《叶圣陶集》第12卷，第317—318页，江苏教育出版社，2004年版）

朱永新解读

叶圣陶先生是把养成好习惯作为教育的根本目标的。他一再说，习惯成自然，在学校里的根本任务，就在养成习惯，增强能力。离开学校以后，自我教育的任务，仍然是养成习惯，增强能力。

与好习惯相对应的是坏习惯。叶圣陶先生特别强调，有两种习惯不能够形成，其中之一就是“养成什么习惯的习惯”。这句话听起来有些拗口，其实就是没有好习惯的坏习惯，是指没有自我约束、自我警醒的行为动力定型，随波逐流，无所用心。

其实，人的行为是受习惯支配的，好习惯没有形成，坏习惯就会乘虚而入。所以，父母们应该知道，防止孩子形成坏习惯的最有效的方法，就是帮助他养成好的习惯。

网友感悟

cdlpwhj：“不养成什么习惯的习惯最要不得”确实如此，你没有好的习惯必有坏的习惯去填充，为孩子培养好的习惯，自己也要身体力行培养好的习惯，与孩子共同成长何其美妙！

窗边的豆蔓：任何习惯的养成都非一日之寒。包括我们的思维定势也是一种习惯，当我们习惯用成人的眼光来衡量孩子，早就忘记了生命永远有无数的可能！苏格拉底完全相信人的命运是崇高的："人的无意识是（或者应该是）世间万物的最后尺度；塑造命运的不是上帝，而是我们自己。"

albert 督督：习惯决定人的一生。坏习惯是一笔无法清偿的债务，它只会麻痹一个人的思维从而影响其行为，人一旦为坏习惯所主宰，必将付出沉重的代价。好习惯是一笔巨大的财富，有利于人们以正确的方式向成功的方向大步前进。所以与其成为坏习惯的奴隶，不如让好习惯成为行动的坐标。用好习惯把坏习惯挤掉的过程就是人们自我完善的过程，这是一种能力，也是一种智慧。

月真美：对于孩子的好习惯，一定要在起初的强制下久而久之才能养成。我们做父母的要在自身的行为和对孩子的耐心说教下完善孩子的好习惯。好习惯会使人终生受益。

童喜喜：早早培养好习惯可以阻挡坏习惯的养成。

陈英：人的习惯来自潜意识，而潜意识却是受环境和亲近的人的影响形成。孩子的好习惯靠说教是培养不出来的，只有身教加言传方可注入其潜意识。

天微晓："今天东，明天西，今天这样，明天那样"不就是一种坏习惯吗？叶圣陶先生把这种坏习惯称之为"不养成什么习惯的习惯"，认为是最要不得的。我也这么认为，一个没有任何好习惯的人，必将一事无成。

不要养成妨害他人的习惯

什么叫做妨害他人的习惯？也可以举例来说。走进一间屋子，砰的一声把门推开。喉间一口痰涌上来了，扑的一声吐在地上，这些都好像是无关紧要的事，但是很关紧要，因为这些习惯都将妨害他人。屋子里若有人在那里做事看书，他们的心思扰乱了，这是受了你的影响。你的痰里倘若有些传染病菌，扑的一声吐在地上，这些病菌就有传染给张三或李四的可能，他们因而害起病来，这是受了你的影响。所以这种习惯是“妨害他人的习惯”，最要不得。在“习惯成自然”之后，砰的一声与扑的一声将会行所无事，也就是说，妨害他人将会行所无事。一个人如果明了自己与他人的密切关系，不愿意妨害他人，给他人不好的影响，就该随时强制，随时警觉，不要养成妨害他人的习惯。不问屋子里有没有人，你推门进去总是轻轻的。不问你的痰里有没有传染病菌，你总是把它吐在手绢或纸片上，这样“习惯成自然”，你就在推门与吐痰两件事上不致妨害他人了。推广开来说，凡是为非作歹的人，他们为非作歹的原因很多，也可以用一句话来包括，他们的病根在养成了妨害他人的习惯。他们不懂得爱护他人，一切习惯偏向妨害他人的方面，他们就成了恶人。如希特勒、墨索里尼、日本军阀，是头等的恶人，其他如贪官、污吏、恶霸、奸商，也都是恶人的代表角色，这些恶人向来为人们所痛恨，今后的世界上尤其不容许他们立足。谁要立足在今后的世界上，谁就得深切记住，不要养成妨害他人的习惯。（《两种习惯养成不得》，载《叶圣陶集》第12卷，第318页，江苏教育出版社，2004年版）

朱永新解读

人是社会关系的产物，也是一个社会性动物。人的幸福感，在一定程度上，取决于他是否受到别人的理解、尊重和爱戴。

处理人际关系的一个重要原则，就是不要妨碍别人，不要轻易打扰别人，不要做别人讨厌的事情，不要影响别人的正常生活。

所以，父母们应该注意，让孩子知道在公共场合，应该遵守公共秩序，排队时不要插队，讲话时细声轻语等等。父母是孩子的老师，尤其是生活的老师，不妨害别人的习惯，更多的应该是父母做给孩子看。孩子在观察中自然会模仿，学习，从而养成好的习惯。

网友感悟

cdlpwhj：执虚器如执盈，入虚室如有人。习惯成自然，从我做起。

窗边的豆蔓：多一个好习惯，自然会少一个坏习惯，冰冻三尺非一日之寒，不积跬步无以至千里，从我们做起，以身作则，让我们的孩子青出于蓝而胜于蓝。

zfyey 宁静致远：当一个人不能自己养成良好的习惯时，在一个特定的环境里，不经意间影响了别人，妨害了别人，而自己竟然不能意识到，这才是最悲哀的事情。直到有一天，有人向他提出意见时，他怒目而视，以为别人和自己过不去。这样，一次又一次，他就会成为一个毫无自知之明的恶人。因此，父母在教育孩子时，一定要告诉孩子什么是好的，什么是坏的，即使在孩子还没有养成好习惯时也不会偏离正确的发展方向。

祁县开心王：人之初，性本善，性相近，习相远，苟不教，性乃迁……好习惯是人们对善良品行的选择，只有善的行为才是合乎生命健康发展需要的，也是符合社会道德要求、促进社会文明和谐进步的。倡导所有的社会成员都能择其善者而从之，其不善者而改之。从善如流，功莫大焉！好习惯好人生，说的就是人生的道理！

童喜喜：害人是害己。

马妍：好习惯是不自觉的，坏习惯也是不自觉的，要让孩子意识到好习惯的好、坏习惯的坏，并以榜样影响，才能让孩子避免养成妨碍别人的坏习惯。

天微晓：我以为这种妨碍他人的习惯其实是源于以自我为重心。一个懂得关爱他人的人，必定会在各种小事上检点自己，让自己处处为他人着想。所以，做父母的也应教会孩子关爱他人，做事时设身处地为他人想一想。养成了关爱他人的习惯，自然就赶走了妨碍他人的坏习惯。

养成自己学习的习惯

对于一个中学生来说，有两种习惯是必须养成的。哪两种习惯呢？一是自己学习的习惯，一是随时阅读的习惯。无论什么事物，必得待教师讲授过了才去关心，教师没有讲授过的，即使摆在眼前也给它个不理睬，这种纯粹被动的学习态度是万万要不得的。你们大概听说过“举一反三”的话吧，教师的讲授无论如何详尽，总之只是“举一”；学校教育所以能使学生终身受用，全在乎让学生受到锻炼，养成“反三”的能力。教师绝不能把学生所需要的事事物物一股脑儿教给学生，学生在一生中需要的事事物物却多到不可以数计，如果没有“反三”的能力，只有随时碰壁而已。所以，纯粹被动的学习态度必须彻底打破。学生不应该把教师的讲授看作学习的终极目的；教师的讲解只是发动学习的端绪，学生必须自己再加研求，才可以得到能运用于实际生活的知识和能力。即使教师不曾讲到的，不曾给过端绪的，学生为了实际生活的需要，也必须自找门径加以研求，这才是自动的学习态度，也就是自己学习的态度。（《中学生课外读物的商讨》，载《叶圣陶集》第 11 卷，第 106—107 页）

朱永新解读

学习是一种自我探索的过程。任何学习活动，如果离开了学习主体的主动积极的努力，终将一事无成。

叶圣陶先生对学生的主动学习精神十分关注。他认为，如果学生只是跟在教师后面亦步亦趋，老师讲授以后才去关心，而老师没有讲的东西不予理睬，一定是一事无成的。老师的讲授最多是“举一”，如果学生没有“反三”的能力，就不会有真正的收获。一个优秀的学生，应该在老师规定的内容之外，在老师不曾给过端绪的地方，自找门径加以研求，这才是自动学习的态度，也就是自我学习的态度。而且，仅仅有态度是不够的，只有把态度化为习惯，才能够真正地巩固下来。

叶圣陶先生的这段论述，对于父母们也很有启迪意义。应该鼓励孩子自我学习、自己探索，学老师所未教，才能够有真正的成就感，才能够把学习视为快乐的事情，才能够从主动学习变为积极创造。

网友感悟

mynisky2a：主动的态度在客观上让学习有更多创造，在主观上让学习变成乐趣，如果乐于解决问题，还有什么问题是难题？

窗边的豆蔓：被动学习就是老师教的掌握熟练就很好了；主动学习是对老师教的充满疑问，凡涉及到的都去探问、追寻。譬如老师教了一首曲子，弹熟练的是被动学习，弹熟练以后再去寻找相关的曲目、了解曲作者、对每一个音符的表达进行深入思考，还可以变换节奏、改变力度，体会不同音乐的不同魅力，即是主动学习。主被选择之间，习惯渐成。

祁县开心王：让我学、叫我学变成我要学的时候，孩子探究新知的精神就得到了保护和发展。孩子就会保持对世界充满好奇和研究的兴趣，学习的劲头会逐步加强，所了解和掌握的知识就会越丰富，他的思想和行为的自觉性和活动范围自然就会越来越大。当一个人越来越自由的时候，生命的价值和意义就会体现得越来越完整和丰满……

爱的天使王杰：学习的意愿大于方法！方法千千万，我们有了基本的理论就会创造很多的方法！目前很多家长的学习有时也会走到这个误区，再好的方法，表达的方式不一样收到的效果也是不一样的！就像开心王说的当他内在有了动力，他就会有很强烈的学习兴趣，他才会有自由自在的生活，生命就会很完整丰盛！

桃花仙子：自主学习的习惯是培养出来的，但要从兴趣和为什么学习（学习目的）入手。好的学习者，在各方面都是充满兴趣、积极探索的。我觉得兴趣才是最好的老师。

童喜喜：阅读是自学的重要办法。

步社民：自己学习，随时学习，这两大习惯有了，孩子的发展动力无限。但如何引导其形成这两大习惯颇有讲究。奖励、惩戒都是必要的，但让孩子发现学习本身的乐趣是基本宗旨。

秋风：一切学习归根到底都是自学，自学是一笔终身财富。

远水流：学习是一种自我探索的过程，父母要鼓励孩子主动学习，拥有自我学习的能力，养成自己学习的习惯。

父母不要逼孩子

请学生的家长们也读一读这篇调查摘要。像这样的出自内心的呼声，你们过去听见过吗？你们都希望孩子成才，这是当然的。进大学是成才的一条道路，可不是唯一的道路。再说，进了大学还得看自己肯不肯学，会不会学。从这一点来说，进不进大学一个样。不进大学，要是自己肯学，自己会学，同样可以成才。所谓成才，就咱们这个社会的标准来说，就是成为一个对社会主义建设有用的人，能进大学固然好，不进大学，通过其他种种道路，同样能够达到这个目标。高中毕业生只有一小部分能进大学，这个情况在本世纪内大概不会有多大改变。所以孩子进不了大学，千万不要责备他们，把孩子逼坏了，甚至逼死了，那就成为毕生的遗憾了。(《我呼吁》，载《叶圣陶集》第 11 卷，第 320—321 页)

朱永新解读

1981 年 10 月 31 日，87 岁的叶圣陶先生在听了其子给他念的第 20 期《中国青年》杂志上刊载的《来自中学生的呼吁》之后，心急如焚，当晚就写下了《我呼吁》一文。他描述当时的情况，是“念的人声音越来越哽咽，我越听越气闷难受”。

于是，他把这篇文章推荐给教育部、各级教育行政部门、大专院校、中小学领导和教职员、新闻媒体和出版社的编辑，也推荐给有关的父母们。这里就是其中关于父母的内容。

30 年过去了，叶圣陶先生的呼吁仍然像针对今天的父母的，孩子们的课业负担仍然沉重，父母们仍然那样逼着孩子过考试的独木桥。所以，再听听叶圣陶先生的呼吁吧！条条大路通罗马，上大学只是孩子的一种选择，能够成为一个自食其力，对社会有用，自己问心无愧的人，成为一个内心宁静的幸福的人，比什么都重要。

所以，亲爱的父母们，请不要逼迫孩子吧。孩子内心不愿走的路，即使勉强去走，最后往往也是绝路。走上那样的路，可能会成为父母与孩子终身的遗憾。

网友感悟

窗边的豆蔓：我们有无数种方式敬畏生命，尊重生命，珍惜生命，完成生命的从始至终。

朱静言：尊从孩子的意愿。

童喜喜：尊重孩子选择的路。

法庭之王：叶老早在 1981 年，就看出来大学精英教育模式在 20 年内不会有太大改变，并认为上大学并非是唯一出路，会学习，靠自学，只要做一个对社会有用的人就是出路。21 世纪，大学商业化运作，不断扩招，80% 以上的升学率让大学教育平民化，而毕业即失业的低就业率，更让我们反思这独木桥上的成才之路。

张卷：能够成为一个自食其力，对社会有用，对自己问心无愧的人，成为一个内心宁静幸福的人，比什么都重要。父母们，不要逼迫孩子。

叶上蝴蝶：有一定道理，但不敢苟同。因为不见得每棵树都能“树大自直”。叶老的话有时代局限性，不可照搬。您想，现在既然自己肯学、会学，又怎会进不了大学？我认为关键在父母如何正确引导。君不见，朗朗若非父亲逼迫，又怎会有今天的成就？当然“逼迫”最好不用，凡事还是在于因势利导，讲究个“度”吧。

天微晓：想起了金子美铃的《芝草》这首诗："紫云英开红红的花，紫花地丁叶儿嫩，簪子花可以插头发，京雏花可以做笛子。可是如果原野上，长的都是那样的花草，我们玩累了的时候，该往哪里坐，哪里躺呢?"天生我才必有用，不逼迫孩子，让孩子自由成长为他所能成长的最好模样，也是对生命的尊重。

不一定非让孩子进好学校

学校，我想也不是与儿女有什么了不起的关系的。学习一些符号，懂得一些常识，结交若干朋友，度过若干岁月，如是而已……一定要有理想的小学才把儿女送去，这无异看儿女作特别珍贵特别柔弱的花草，所以要保藏在装着暖气管的玻璃花房里……何况世间为生活所限制，连小学都不得进的多得很，他们一样要挺直身躯立定脚跟做人。学校好坏于人究竟有何等程度的关系呢?（《做了父亲》，载《叶圣陶集》第5卷，第313—314页）

朱永新解读

把孩子送到最好的学校去读书——这是许多父母都会尽力而为的事情。每年开学前，全国都展开一场大规模的择校运动。父母们会调动所有的人脉资源，为孩子们选择所谓的"好学校"。甚至，不惜一切代价把孩子送到国外去读小学初中，也成为许多父母的选择。

其实，择校有两种情况，一种是随大流，主要是为自己的"面子"择校。一些父母觉得，如果自己的孩子进不了最好的学校，就是自己的能力不够、关系不够，就是没有"花头"。另外一种就是一厢情愿地为孩子选择未来的同学和朋友（现在的校友），而什么是好学校，什么是适合孩子的学校，父母自己也不清楚。

叶圣陶先生对此不以为然。他自己的三个孩子，就在家门口的小学读书，“学校也不见特别好，但是我毫不存勉强迁就的意思”。

其实，选择家门口的学校，尤其是幼儿园和小学，为孩子省去大量的交通成本和时间，赢得大量的游戏和阅读的时间与机会，应该成为我们教育的常态。当然，作为政府，应该尽可能办好每一所学校，尽可能缩小学校之间的差别。

网友感悟

紫色望鱼儿：好多家长认为，好的学校就意味着升学率，好像进了名校就能上更好的学校，我觉得再好的学校孩子不适应，那么这个学校在孩子心中就不是好的学校。简单的一句话，适合自己的才是最好的。

鲍菁：家长有时候就是好心办坏事，我所在的学校就是市里数一数二的，进来的学生有很多适应不了，但是家长硬着头皮也要孩子读下去，就为争自己那口气，完全不考虑孩子的感受，老在班级甩尾，对于孩子是多大的心理伤害啊！

童喜喜：就近入学，方便孩子。

天微晓：即便我们能给孩子选一所小学，选一所中学，选一所大学，孩子也不过是一个木偶人，活在我们的阴影下，于他的生命有何意义？就让生命顺其自然，遭遇他所应当遭遇的吧。

不为孩子代劳

善于教育的父母教幼儿自己穿衣自己洗脸，做种种的事，只要是幼儿做得到的，至多给他们做点儿准备帮点儿忙，绝不替他们代劳。

为什么说这样做的父母善于教育呢？因为他们懂得独立生活对子女的重要意义，又能在子女的幼儿时期就用适当的方法培养他们独立生活的能力。所谓适当的方法，不难了解，也不难办，只要是子女做得到的，就让他们自己做，绝不代劳——如此而已。(《带点儿教育意味的事都一样》，载《叶圣陶集》第 11 卷，第 229 页)

朱永新解读

这是叶圣陶先生 1956 年 8 月为《中国青年》杂志撰写的文章。这篇文章是针对许多青年人不会料理个人生活而撰写的。很多年轻人不会管理自己的基本生活，不会买车、船票，不会做饭菜，不会接待朋友，不会采风问俗等，这样就给生活带来了许多不便。

这些年轻人之所以这样，往往与他们孩提时父母的养育方式有关。因为他们的父母大部分是包办代替类型的。为此，叶圣陶先生要求父母不能够轻易为孩子代劳，从吃饭穿衣开始，凡是孩子能够自己做的事情，一定要让孩子自己去做，最多给予必要的帮助和支持，但是绝对不能够代劳。

孩子总要独立地走向世界，走向生活的。父母不能够永远成为孩子的帮手、孩子的拐棍。所以，从小开始，培养孩子的独立性，让孩子自己的事情自己做，是家庭教育的黄金法则。

网友感悟

金盏花儿：科学、理智地爱孩子，而不溺爱。

童喜喜：学会智慧地爱孩子。

卢志文：“不放手”源于“不放心”，“不放心”就永远“不省心”！

窗边的豆蔓：宠则骄纵，溺则无主。孩子自己的路还是要自己走。

小越轩说戏人：教育上强调要做孩子的支持者、合作者、引导者还是必要的。但是就日常接触的家长来看，部分还处于宠溺而且家长之间教养方式不一致的不平衡状态，所以孩子的性格也不是很平衡。有时还会出现攻击性倾向。其实从小放开手让孩子自己去做去思考对他们独立思维能力的培养是有裨益的。

天微晓：当我们责怪一些年轻人心安理得地啃老时，我们却忽视了是什么造成了这些年轻人的好逸恶劳，不正是在他们年少时的包办代替吗？所有的父母们，你们如果希望孩子将来独立自主，就要在孩子年幼的时候让他们自己动手做自己的事，给他们成长的机会。

不要站在孩子的对立面

你说你不愿听从在行的同事的话，举起教鞭或戒尺来打学生。你说你如果环境使然，非举起教鞭或戒尺来打学生不能耽下去的话，你宁愿卷铺盖走路。你这一个不愿，一个宁愿，我都极端赞同。这是准备认真当教师的人的起码条件。为什么说起码？因为，像你这样，至少表示你并不跟学生对立，而教的一切施为，必须不跟学生对立才谈得上。你若一想到“制服”，一动手打，你跟学生就对立了，那时候，你的指导和训诲就蒙上了压迫者和侵略者的色彩，任你说的是金玉良言，对学生全无实益——他们凭什么要领受你的呢？你说宁愿卷铺盖走路，对，环境迫着你教你非照样做不可的时候，那就表明你不能在那个学校里当老师了，自宜一走了之。专任的薪水跟几斗尊师米虽然可恋，但做事得做成个样儿尤其要紧，不成个样儿勉强要做，是痛苦，也是罪恶。（《给教师

的信》之一，《多刺目的两个字呀》，载《叶圣陶集》第 11 卷，第 161 页）

朱永新解读

叶圣陶先生是不主张体罚孩子的，因为在他的心中，孩子、学生始终是排在第一位的。

从叶圣陶先生的时代一直到今天，“制服”孩子和学生似乎是许多老师和父母的共同“绝招”。他们认为，只有彻底把孩子和学生“制服”了，孩子和学生才能够真正开始“听话”，而他们也才能够开始实施真正的教育。

其实，这个立场一开始就错了。因为，当你想着要“制服”孩子和学生的时候，孩子和学生就已经是站在你对立面的“敌人”了。他们会处处提防着你，时时反抗着你，故意地与你不合作。教育，不是毫无感情地把知识和价值从一个脑袋装进另外一个脑袋，而是孩子与父母、学生与教师心灵的交流与沟通，如果你站在孩子和学生的对立面，教育还没有开始，就已经失败了。

所以，学会做孩子和学生的朋友，学会与他们站在一边，与他们融为一体，是做好教育的根本。

网友感悟

a 阿狸：爱其师才会信其道。我始终相信，当老师能与学生平等对话，学生才能从内心喜欢老师，那才是真正的教育。当活泼好动的孩子看着举起教鞭的老师，内心一定是厌恶的。

童喜喜：和孩子并肩面对世界、探索世界。

张建：在小学生的学习中，除了智力之外，还有一个十分重要的东西决定着他们的学习效果，那就是他们对任课教师本人的情感。完全可能因为一份情感的变化，而导致一个孩子整个学习情绪——学习结果的变化。教师一定要明白这一点，并且将这种“情感效应”运用到自己的教学之中。一定要让你教的学生爱上你！

窗边的豆蔓：教育不是占有和压制，而是尊重和自由。

朱永新：记住，永远站在孩子一边。

无为0：教育首先是了解、是尊重、是合作，所有的“掌控”、所有的“制服”、所有的“成就”离开了尊重，其作为个体的存在都是暴力的，都是不可取的

善待人生：教育是教孩子学做人，教孩子学习的方法，而教育的前提是教师要会做人、善学习，好学、自尊的老师带出爱学、求进的孩子，这样的孩子长大了就是终生学习的人！

学生不是空瓶子

一个空瓶子，里边没有什么东西；把什么东西装进去，就不是空瓶子了。装得满满的，就是实瓶子了。

不知道从什么时候起，我们爱把受教育的人看成是瓶子，瓶子里缺少些什么，就给它装进些什么。譬如，发觉学生的思想政治教育不够好，立刻想到恢复政治课，发觉学生的劳动观点不怎么强，他们不怎么热爱劳动，立刻想到在语文课里补充些“劳动教材”（有关劳动模范、先进生产者之类的文章）。这样做法，目的很明显，愿望很单纯：把政治课装进瓶子，思想政治教育就见成效了，把“劳动教材”装进瓶子，学生就加强劳动观点，热爱劳动了。

仔细想想，恐怕并不是这么回事……瓶子是装东西的，当然不会独

立思考。我们且不要责备学生不怎么善于独立思考，先得反省反省，我们的“瓶子观点”是不是学生不怎么善于独立思考的原因之一。

瓶子是装东西的，东西装在瓶子里，东西是东西，瓶子是瓶子，不起什么混合作用或是化合作用。两种作用都不起，还有什么旁的作用呢？于是巴望起作用的愿望落空。（《“瓶子观点”》，载《叶圣陶集》第11卷，第234页）

朱永新解读

我们学教育的时候，老师曾经说，要教给学生一杯水，教师就要有一桶水。这是鼓励我们要努力学习，用知识武装自己。

现在看来，这个比喻还是有点问题的，因为，学生不是杯子，也不是瓶子。水装得再多，杯子是杯子，瓶子是瓶子，水还是水。叶圣陶先生说，如果我们的教育不能够真正融化在学生的思想、感情、行动里，真正的教育就没有发生，没有开始。

问题在于，我们许多教育部门的思维方式仍然是这样的“瓶子观点”，认为学生缺少什么，就在教学计划、大纲、教材、课程里面加什么，军事国防、计划生育、环境资源、心理健康……越加越多，把孩子们的时间空间全部填满了，就像把瓶子的水加满了一样，其实是做无用功。

叶圣陶先生说，知识学问不是装饰品，而是为了充实我们的生活，充实我们的人生。把学到的东西化为我们自身的东西，能够“躬行实践”，才是最关紧要的。

网友感悟

苏州甜妈：呵，我刚刚还在思考这个问题呢！忘记是哪个明星了，当时看到《满江红》这首词，就说："哇，这是哪个作词的，为我写个词？"六年前我思考这个问题，认为这人太无知了，这个基本的常识都不知道；现在再想这个问题时，我想，为什么要知道，知道与否对我们的人生有帮助吗？再回到这个瓶子的理论，我们的教育，不还是要求掌握知识点吗，什么大李杜、小李杜是谁，某某事件发生在什么时候，可以说从公办小学的教育开始，有多少是在促进孩子的思考上下功夫的。现在理解，中国为什么出不了大家了，因为孩子就这样一直在被灌，回到家庭中，基本是在围绕"考试"这根指挥棒转的，有理性的家庭会加以控制，可这样的家庭微乎其微，即使有也可能是在纠结中前行，因为这是焉知祸福的事。

阿花哥：卢梭提出，而后杜威作了进一步阐发。"教育即生长"言简意赅地道出了教育的本义，就是要使每个人的天性和与生俱来的能力得到健康生长，而不是把外面的东西，例如知识，灌输进一个容器。苏格拉底早已指出，求知是每个人灵魂里固有的能力。当时的智者宣称他们能把灵魂里原本没有的知识灌输到灵魂里去，苏格拉底嘲笑道，好像他们能把视力放进瞎子的眼睛里去似的。懂得了"教育即生长"的道理，我们也就清楚了教育应该做什么事。比如说，智育是要发展好奇心和理性思考的能力，而不是灌输知识；德育是要鼓励崇高的精神追求，而不是灌输规范；美育是要培育丰富的灵魂，而不是灌输技艺。

陈东强：把时间和空间还给学生，让孩子在做中学。只有让孩子自己写他才能学会写，只有让孩子自己做他才能学会做，只有让孩子自己说他才能学会说，只有让孩子自己读他才能学会读。由学向悟迁移，由知向行迁移。

法庭之王：常常用填鸭式的灌输，来作为我们的教育传统，可因为学生缺少兴趣，往往效果不好。再者硬性规定学习范围，布置大量作业来巩固效果，像叶老所说虽然给瓶子装了很多水进去，但瓶子还是瓶子，水还是水。如何让这两种不同的物质融合，可以说就是教育的真谛。知行合一即躬行实践就是最有效的方法。

以身作则

我认为自己是与学生同样的人，我所过的是与学生同样的生活；凡希望学生去实践的，我自己一定实践；凡劝诫学生不要做的，我自己一定不做。譬如，我希望学生整洁，勤快，我一定把自己的仪容、服装、办事室、寝室弄得十分整洁，我处理各种公事私事一定做得十分勤快；我希望学生出言必信，待人以诚，我每说一句话一定算一句话，我对学生和同事一定掬诚相示，毫不掩饰；我劝诫学生不要抽烟卷，我一定不抽烟卷，绝不说“你们抽不得，到了我们的年纪才不妨抽”的话；我劝诫学生不要破坏秩序，我一定不破坏秩序，绝不做那营私结派摩擦倾轧的勾当。为什么要如此？无非实做两句老话，叫做“有诸己而后求诸人，无诸己而后非诸人”。必须“有诸己”“无诸己”，表示出愿望来，吐露出话语来，才有真气，才有力量；大家也易于受感动。如果不能“有诸己”“无诸己”，表示和吐露的时候，自己先就赧赧然了，哪里有什么真气？哪里还有力量？人家看穿了你的矛盾，至多报答你一个会心的微笑罢了，哪里会受你的感动？（《如果我当老师》，载《叶圣陶集》第11卷，第135页）

朱永新解读

1941年8月，在当年“教师节”的那天，叶圣陶先生写下来一篇《如果我当教师》的重要文章。文章全面论述了作为一个小学老师、中学老师、大学老师的基本素质，以一个真实的“假设”展开了他对于教师的论述。如关于小学教师，叶圣陶就说：如果我当小学教师，绝不将投到学校里来的儿童认作讨厌的家伙，令人心烦的小魔王，无论是干净的、肮脏的、聪明的、愚蠢的，他都要称他们为“小朋友”。

在讲到中学教师时，叶圣陶提出了做学生榜样的问题。我们知道，身教重于言教，是叶圣陶先生经常说的道理。其实，教育无非就是身教与言教两个方面。言教，是通过语言的作用，把做人的道理告诉学生，身教是以自己为榜样，把做人的道理告诉学生。言教如果与身教一致，学生就容易接受；反之，学生就会困惑，产生心理冲突。从教育的效果而言，身教的影响力更大。

教师如此，父母何尝不是如此？父母也应该与孩子过同样的生活，做同样的人，希望孩子去做的，自己一定要做；劝诫孩子不做的，自己首先不做。

“其身正，不令而行；其身不正，虽令不从”。“有诸己而后求诸人，无诸己而后非诸人”。为政为教，道理相通。所以，父母们要尽可能为自己的孩子做表率，尽可能与孩子过“同样的生活”。要孩子做的事情，父母自己一定要做到；不允许孩子做的事情，父母自己一定不要去做。

我们许多父母，自己晚上搓麻将打扑克通宵达旦，却要求孩子静心读书；自己腾云驾雾地抽烟，却教育孩子不要抽烟，结果是可想而知的。

为人父母，在一定程度上就是选择了一种限制自己的榜样的生活，为自己的孩子做出表率，做出样子，比再动听的说教都更有效。

网友感悟

暖暖妈妈：身教重于言传。为人父母，在一定程度上就是选择了一种限制自己的，榜样的生活。努力为孩子做榜样吧！

鑫鑫妈：家长的一言一行潜移默化地影响着孩子，不论是生活还是工作，每个人都要以身作则，只有自己的态度端正了，孩子会默默地学到大人的优秀品质，孩子在今后的成长中会成为独立、自立、自强的人。

童喜喜：身教重于言传。

张建文：孔子曰：己所不欲，勿施于人。孟子曰：行有不得，反求诸己。表现在中国五千年教育思想为：言传身教。

张卷：有诸己而后求诸人，无诸己而后非诸人。也如甘地所说：成为你想看到的改变。当我们为孩子的种种问题焦头烂额的时候，不妨检点下我们自己的行为。

彩云：其身正，不令而行；其身不正，虽令不从！每一个孩子都是父母的翻版！

窗边的豆蔓：父母以身作则，言必信，行必果。

追寻生命：教师是与学生同样的人，我所过的是与学生同样的生活；凡希望学生去实践的，我自己一定实践；凡劝诫学生不要做的，我自己一定不做。

小越轩说戏人：身教重于言教——认同。把孩子分为干净的，肮脏的，聪明的，愚蠢的——不认同。一来这个是人为地根据自己认定的标准强加给孩子的框框，不知不觉地把孩子分成了两个档次。另一方面，肮脏、愚蠢，这两个词太重了。孩子还只是个雏形，充其量只能说到行为习惯养成的层面。

天微晓：有一首诗说过，一个孩子向前走着，他所看见的一切变成了他的一部分。孩子的眼睛就像一面镜子，照见了整个世界。他所看见的无论美好还是丑陋，最后都会成为孩子生命的一部分。作为老师，你的一言一行将影响一群孩子一生的行为习惯，一想到这里，我就不敢不审视自己的言行。

母亲是孩子最主要的榜样

我敢告儿童之母曰：凡有戕贼儿童智识道德之事，不可行之，不可言之，行则为儿童所模仿，言则为儿童所听从。儿童所至信者莫如母，为之母者，苟能于其学校中之所得，为之阐解，以补其不足，使学校家庭之教育不相离异，在儿童接触既多，导之者均为至信之人，则其正确之观念乃得以永不挠动。万不可儿童在学校则闻祛迷之言，归家则告以"勿作此想，且将雷殛"，致心志反成束缚，学校之教育亦如未受也。

虽然，此特其一端耳，他如吸烟，博弈，所患尤有甚于此者，在学校之所得不足以偿在家庭之所失。女子之教育不讲，他日为人母，谁不若是？吾草此篇，吾怜儿童，吾尤怜儿童之母矣。妇女教育，今日何可缓哉？(《儿童观念之养成》，载《叶圣陶集》第11卷，第4页)

朱永新解读

母亲是孩子人生的第一位老师。

儿童寄生于母体，在十月怀胎的全程中感受着母亲。离开母体，第一眼看到的也是母亲。他的新生儿时期，是在母亲的怀里成长。作为幼儿或者小学生，在这个世界上，与他相处时间最长的人，一般也是母亲。所以，叶圣陶先生说："欲使家庭教育之得宜，舍母无所属焉。"

儿童在与成人交往的过程中学习语言、行为，并形成习惯。成人的言语和行为，就是他们言语和行为的模板、榜样，其中最关键的人物自然就是母亲。中国古代的胎教学说，就曾经要求母亲"非礼勿视""非礼勿言""非礼勿听"。而现代行为主义心理学的"模仿论""社会学习理论”也都把成人的榜样放在十分重要的地位。所以，父母，尤其是母亲，不能够做任何“戕贼儿童智识道德之事”，因为他们的教诲、行为，会被儿童所言听计从、效法模仿。

也正因如此，母亲教育、女子教育，就显得特别重要。

网友感悟

窗边的豆蔓：心有灵犀的一瞬，经常和女儿相视而笑莫逆于心。正是妈妈们从有孕之初既已担负起教育孩子的重任，而呱呱落地的孩子吸吮的也是妈妈的乳汁，所听是妈妈的第一声呼唤，所感是妈妈温暖的怀抱和爱的亲吻。我们自当努力学习为人母，给孩子丰富的精神粮食并以身作则，给孩子明媚的阳光和宽广的人生道路。

爱的天使王杰：身教重于言传。这个道理，大家都懂得，却都不易做到。大道至简，努力从自己做起！如果十月怀胎的母亲保持愉悦的心情，对于孩子早期的教育的影响程度在80%左右！这是一个人最基础的教育，随着孩子的长大，母亲了解更多孩子的成长规律才会更好地引导孩子往健康的方向发展！

远水流：每一位儿童都是天使，那么那些糟糕的大人是哪里来的呢？愿大人们也能保有儿童的真诚，给孩子一个正确的榜样。母亲是孩子第一位老师，愿母亲们也能完善自己，将良好的品行传给孩子。

天微晓：母亲的一言一行都影响着孩子，所以做母亲也是一种修行。

做一个教育的“傻子”

世界上有许多怀着理想的人被称为傻子，您对教育自有一套理想，很可能立刻取得傻子的徽号。但这是多么可爱多么不容易取得的徽号啊！

在清朝末年，大家感觉时局日非，那时候对教育抱理想的傻子似乎很多。他们认为教育是一切的根本，只要兴起教育来，政治、经济以及其他各部门都解决了。他们于是开办学校，三间两间破房子就是校舍，找不到同志就以一身兼教各种科目；物质报酬一点儿也没有，他们全不放在心上，宁愿卖了自己的衣服，当了太太的钗环过日子。就现在想起来，他们的方法也许很陈旧，他们的教材也许不见新鲜，可是他们的心是热切的，他们的信念是坚强的。如今四五十岁的人的心中，往往有一个幼年的老师永不能忘，非但永不能忘，而且自知着实受他们的益处——益处不定在各种知识方面，大部在精神上受着他们的熏陶。这班傻子留下这么些影响，他们也可以慰情瞑目了。到后来，这种傻子何以会渐渐少起来，我没有研究，不能说出其原因。至于如今办教育的人，似乎看出了从前那些傻子的毛病，竭力反其道而行之；从前那些傻子认为教育是一切的根本，如今办教育的人却相信教育不是根本，只配做政治、经济各部门的尾巴，既然是尾巴，因循将事，得过且过，也就可以了，何必苦干硬干，徒然消耗自己的生命力？这是他们的全部哲学。我没有接到您的详细开示，不知道您所怀的教育理想是什么；但是我想，您一定不同意于如今办教育的人的想法；同时，你与从前的傻子必将同中有异，异中有同，您将是个新的傻子。（《给教师的信》，载《叶圣陶集》第11卷，第168—169页）

朱永新解读

这是1944年3月7日，叶圣陶先生在回复一位老师的信时写下的文字。这位老师在艰难的时局下，在人们普遍“为生活叹气，为物价皱眉”的时候，提出回湖南老家办中学。叶圣陶先生坦诚地告诉这位老师，对于办学校而言，募集资金，寻找地皮，建设校舍等事情，虽然麻烦却不太困难。最困难的是“搭班子”，寻找具有共同理想的人，“许多老师同在一个学校里办教育，就如同唱一出具有永久价值的戏，班子搭不好，根本就没有唱好的希望”。

由此，叶圣陶先生提到了所谓教育的“傻子”。在清朝末年的时候，的确有这样一群“傻子”，他们在教育救国的思想支配下，全身心投入教育，倾家荡产也在所不惜，无怨无悔。结果，他们没有救得了国家，却成就了许多年幼的孩子。现在，这样的教育“傻子”似乎越来越少了。但是，每个时代还都会有这样的人，他们怀揣教育理想，甘愿把自己的青春和智慧献给孩子们。孩子因此得到恩惠，教育也因此精彩。

这种“傻子”精神是可贵的。对于年轻的父母来说，也应该从这种“傻子”精神中得到启示，应该努力去做一个不仅哺育孩子身体，同时滋养孩子精神，把身与心都献给孩子的“傻子”。

网友感悟

一生无悔：世界文化的继承是“傻子”完成的，而世界文化的发扬却离不了“疯子”。

梅之雪：感动这样的傻子，我们的教育要有意识的引导学生在成人成就后应对教育事业有所回报，这种回报不一定是办学校，成为教师，还可以是投入爱心资助教育公益。一杯水很少，集大众之水便可成江河，教育就是给生命以水的河流，所以需要整个社会之力倾注，流水不止，生命不息！

晚霞：一支粉笔写人生，两袖清风乐融融，三尺讲台育桃李，四季校园度时光，五育并重铭记心，六大行动担责任，七天一周循环过，八方倾听智慧生，九九归一爱无悔，十“傻”九在教师中。

有书如歌：只有这样的心地纯净的“傻子”，才能影响一批心地纯净的孩子。

希望儿女胜似我

对于儿女也有我的希望。

一句话而已，希望他们胜似我。

所谓人间所谓社会虽然很广漠，总直觉地希望它有进步。而人是构成人间社会的。如果后代无异前代，那就是站在老地方没有前进，徒然送去了一代的时光，已属不妙。或者更甚一点，竟然“一代不如一代”，试问人间社会经得起几回这样的七折八扣呢！凭这么想，我希望儿女必须胜似我……我希望他们与我不一样：至少要能够站在人前宣告道：“凭我们的劳力，产生了切实应用的东西，这里就是！”其时手里拿的是布匹米麦之类；即使他们中间有一个成为玄学家，也希望他同时铸成一些齿轮或螺丝钉。（《做了父亲》，载《叶圣陶集》第 5 卷，第 314—315 页）

朱永新解读

“要钱干什么，养儿胜似父”——这是流传很久的民间俗语。每一个父母都希望儿女能够超过自己，这也是任何时代父母对于儿女的真诚期待。叶圣陶先生也不例外。

但是，叶圣陶先生的胜似或者超过，更多是站在社会的角度来思考的，是希望长江后浪推前浪，一代更比一代强；希望儿女真正成为一个对社会有用的人。他用自己爬山会气喘等来比较，希望儿女有更加强壮的身体和明澈的心灵。更重要的是，希望能够做一个实实在在的劳动者、创造者。

网友感悟

暖暖妈妈：希望儿女胜似我，过一种健康、快乐、幸福完整的生活！

窗边的豆蔓：我愿我的女儿是胜过我百倍的精美陶器，她必将沿着自己的生命轨迹认定自己的目标并为之努力；我愿我的女儿是美过我的风景，四季交替着精彩；我愿我的女儿能站在我的肩上看见日出杲杲，能站在山之巅欣赏云霞灿灿；能享生命之尊贵和自由永恒之爱；能付出并收获她心所愿！为“青出于蓝而胜于蓝”努力！

童喜喜：未来在孩子身上。

远水流：对儿女的期待是所有父母共同的期待，希望儿女胜似自己，超过自己。父母应该更宽容地看待儿女的成长，帮助儿女成长。

天微晓：作为一个老师，我不仅希望儿女胜似我，更希望学生胜似我。每一个孩子的“胜似我”就意味着未来的社会向前进了一步。

第三章

童书是儿童的精神粮食

许多父母都错误地认为，阅读教科书、教辅书也就是阅读本身，叶圣陶先生早就指出了这样的误区。叶圣陶先生明确告诉老师和父母，小说其实是学习人生经验和人生价值的好教材，是真正能够打动人心、感动孩子的好故事，对于人的精神成长具有不可或缺的作用。因此，关键不是要不要让孩子看，而是如何选择那些优秀的小说、经典的作品，让孩子在有限的时间里得以被最伟大的作品熏陶。从小养成孩子阅读的习惯，鼓励他们形成自己的阅读兴趣与选书淘书的乐趣，是非常重要的事情。

新教育实验这些年的实践则反复证明，阅读能力的培养，不仅是学校教育最重要的任务，也是家庭教育最关键的任务。虽然学习不仅是阅读，但是阅读，是一个人认识外部世界最高效的办法，也是一个人接受知识最主要的路径。自学的能力，在一定程度上就是阅读的能力。阅读能力，不仅是能够认得书上的字，更重要是能够理解字外的意义；不仅是能够听得懂老师的讲解，更重要的是能够不需要讲解就可以自己看懂。

所以，亲爱的父母们，和孩子一起阅读吧，帮助孩子养成阅读的兴趣和习惯吧，不要期望等到孩子上学，把阅读能力的培养交给老师。只有父母与老师合力，才能挖掘出孩子更大的潜力。

读书振奋民众的精神

你们大概也听说过一些文化发达的国家，它们的人民是如何地爱好读书，学问家不必说了，就是商店里的店员，工厂里的工人，也都嗜书如命，得空就读书成了习惯。你们再想想自己的周围，家里的人有几个是经常读书的？亲戚朋友中有几个是经常读书的？如果你们花点儿工夫考察一下，就会知道那些企业家就很少经常读书的，政治家中嗜书如命的也不多，甚至大学教授，除了他们所教的课本以外，有的也不再读什么旁的书了。我国一向把求学叫做“读书”，又以为求学只是学生该做的事，不当学生了就无须再求学，也就用不着再读书了。这个观念显然是错误的，而普遍不读书的现象正是这个错误的观念造成的。大家都说我国的国力不如人家。所谓国力，不限于有形的经济力量军事力量等等，一般民众的精神和智慧也占着重要的成分；普遍的不读书，民众的精神如何能振奋起来？智慧如何能得到发展？跟经济力量军事力量的不如人家相比较，普遍的不读书至少有同等的严重性。（《中学生课外读物的商讨》，载《叶圣陶集》第 11 卷，第 107—108 页）

朱永新解读

这是 1937 年叶圣陶先生为教育播音写的讲演稿。如今，70 多年过去，读书的人自然比那个时代多了很多，但叶圣陶先生讲的全民阅读风气不浓厚，企业家、公务员不读书，仍然是比较普遍的现象。

一个民族的精神境界取决于这个民族的阅读水平。一个民族的竞争力，在很大程度上取决于她的精神力量，而精神力量的源泉之一，就是阅读。所以，叶圣陶先生说：所谓国力，不仅是军事的经济的力量，更是民众的精神与智慧的力量，如果不读书，民众的精神如何能振奋起来？智慧如何得到发展？如果不读书，与军事上不强大、经济上不发展的后果一样，都会被动挨打。

父母们也应该知道，读书不仅是个人的事情，家庭的事情，也是国家民族的大事。

网友感悟

童喜喜：活到老，学到老。

梅之雪：所以普通人读书既可以得到精神还可以找到智慧。活到老学到老，生活也是一本书，很重要的一本书。但文字的书更容易使人定下心来，从定到静，从静得慧！

南极仙翁：读书不是求学的唯一方式，但它是求学的重要方式。每个人不可能都会亲临实验，前人的经历大多是文字记载传承的。

青莲：多灾多难的犹太人，即便在无国无家的情况下还能顽强的生存下来，并在很多领域创造奇迹，与这个民族的爱读书有很大的关系。

远水流：到了学校不一定就是真正的读书，教师与父母都要培养孩子让他们能真正融入到书的氛围中去，文史哲、物理化、德智体美劳，各个方面其实都在塑造孩子一个健全的人格。不要忽略任何一个方面，真正去读书。

汪海涛：读书使人进步，也使思想得到发展，读好书能让系统的知识体系、思想体系和价值观浸透心灵。碎片式快餐浏览虽能让自己快速捕获各类资讯，但还是不要放弃读书，二者相结合缺一不可。上班族、做父母的人，万万不要以为读书只是学生、孩子的事，放弃了读书学习，心灵与思想就失去了滋养。

童书是儿童的精神粮食

儿童读物，群号为“儿童精神之粮食”。此名取义至当，用字甚确。盖所谓食品者，有珍馐之供，嗜好之味，是皆非恒人所易致，进之且未必有裨于营养。今云粮食，悉摈此类而专举禾黍。禾黍为养生所需，无问贫富，日必资之，比喻儿童读物，弥复相似。纵父母不尽购读物以饷儿童。而穷乡僻壤，苟有一廛之学校，即见儿童读物之纵踪。儿童作息歌呼而外，展卷讽习，智慧于焉型成。儿童读物诚儿童之“粮食”，非糖果鲜橘水比也。（《儿童年与儿童读物》，载《叶圣陶集》第 11 卷，第 62 页）

朱永新解读

1935 年 8 月开始，是所谓的儿童年。儿童年，为孩子们出版一些优秀的儿童读物，是天经地义的事情。儿童精神世界的充盈，是需要精神粮食的。只有“品质纯良之精神粮食”，儿童的习性智慧，才能够得到“适度之营养”。

是的，一个人的精神发育史就是他的阅读史。正如人的躯体的发育需要必要的食物一样，精神的成长同样需要必要的食物，那就是基本的图书。躯体的发育需要的基本食物不是山珍海味等高档奢侈品，而是基本的五谷杂粮。同样，影响人的精神发育的书籍，也应该有一个基本的书目。这也是我们研制《中国幼儿基础阅读书目》和《中国小学生基础阅读书目》的原因所在——为孩子们精选那些最经典的童书，为他们精神世界的充盈，打下最美丽的底色。

网友感悟

窗边的豆蔓：养生者皆知四季以五谷杂粮最好，这些大地奉献给人类的种子无疑具有惊人的力量。儿童在幼年时期所见所感所听，往往成为成人以后心静下来某个幸福的微笑、甜蜜的回忆，甚至耄耋、期颐之年皆犹在眼前。这种精神粮食的力量可窥一斑。

祁县开心王：阅读为人的精神发育提供重要的营养。儿童读物对于儿童成长的价值和意义，相当于母乳对于婴儿成长的价值和意义，有必要引起我们做父母的充分的注意和重视。拣选优秀童书，促进儿童成长，是我们重要的责任。

mynisky2a：粮食皆是种子，种子意味着生命，秋天的果实都从种子长成。把经典的童书播种在童年的田野，耕犁、施肥、浇灌，才能在成年后迎来收获，而所获都来自播下的种子。种子的力量太神奇了！

爱的天使王杰：面对良莠不齐的书的世界，真的需要智者的引领才会选择自己真正需要的书！我们有了明确的阅读书目，阅读的过程才是至善至美的，才真正对我们的心灵有指引，才会接收到愉悦滋润的感受。

童喜喜：书是粮食不是药。

茶山居士：知识不可能代替面条，胃的充实同样不能弥补大脑的空虚，但人们更习惯举着空空如也的头颅去饭店孝敬早已下垂的胃。由此产生了一条亘古的哲学比较：痛苦的苏格拉底与快乐的猪谁更幸福？

天道酬勤：致力于培养孩子们阅读习惯的老师、家长们，请你们寻思这两句话的意义：一是人的精神发育史是来自他的阅读史；二是经典童书是儿童成长的精神粮食，而不是所谓的各种各样的补习培训班。

学校必须养成阅读能力

国文教师的任务，一般人不大肯想，只觉得茫无涯岸；其实也很明白，只要指导学生，使他们能够阅读，能够写作，就可以俯仰无愧了。这儿单说阅读。学生一辈子要看各种的书，所以在学校必须养成阅读能力。听老师讲过了才明白，这不能算有了阅读能力。必须自己看明白，不含糊，不误会，不但字面的意义了悟无疑，就是言外的意义也体会得出，这才算有了阅读能力。学生这种能力不是一朝一夕所养成的，全赖教师给他们引导，譬如小孩子走路，期先是牵着手走，随后是放了手，可是做着手势跟住他，最后才让他自个儿向前走去。教学国文的方法，细说起来虽然头绪繁多，若能认定一点，使学生渐渐能够自己看书，也就把握住了要领。（《给教师的信》之四，《关于禁止读小说》，载《叶圣陶集》第 11 卷，第 173 页）

朱永新解读

记得苏霍姆林斯基曾经说过，无限地相信书籍的力量，是他的教育信仰的真谛之一。

新教育实验这些年的实践则反复证明，阅读能力的培养，不仅是学校教育最重要的任务，也是家庭教育最关键的任务。虽然学习不仅是阅读，但是阅读，是一个人认识外部世界最高效的办法，也是一个人接受知识最主要的路径。自学的能力，在一定程度上就是阅读的能力。阅读能力，不仅是能够认得书上的字，更重要是能够理解字外的意义；不仅是能够听得懂老师的讲解，更重要的是能够不需要讲解就可以自己看懂。

所以，亲爱的父母们，和孩子一起阅读吧，帮助孩子养成阅读的兴趣和习惯吧，不要期望等到孩子上学，把阅读能力的培养交给老师。只有父母与老师合力，才能挖掘出孩子更大的潜力。

网友感悟

LOVEHOME：阅读能力的培养由两部分组成，一是家庭教育，要让孩子接触一切事物，潜移默化中明白一些道理。二是学校教育，老师在引导他阅读的时候，能够根据他的亲身体会明白其意和言外之意，久而久之，阅读能力自会提高。

童喜喜：阅读是最基本的学习能力。

无为0：深以为然，阅读能力、动手能力和抗挫能力及自信是人生幸福的基本保障，也是成大事者必有的基本素质。

如何读书才有效果

有的书比较容易读，读起来用不着花多大的力气，有的书比较艰深，读起来并不怎样松快。但是无论什么书，都不能让眼光像跑马似的溜过就算，一定要集中心思，把注意力放在书上。这是第一。第二，一口气直往下读，不如每读一段，稍稍停一停，回过头去想一想这一段主要说了些什么。一口气往下读往往不能消化，好像囫囵吞枣一个样；停下来想一想就像咀嚼一个样，才能辨出真的滋味来。对于第二类和第三类的课外读物，尤其需要下这个功夫。第三，想到了什么，不妨随时提起笔把它记下来，这就是读书笔记。想的时候往往比较杂乱，比较浮泛；写下来就非有条有理不可了，非切切实实不可了；所以写读书笔记是督促自己认真阅读的一个好办法。读书笔记或者采用列表的形式，或者采用杂记的形式，可以根据所读的书的性质而定。（《中学生课外读物的商讨》，载《叶圣陶集》第 11 卷，第 114—115 页）

朱永新解读

读书如何才更加有效？中国古代学者有许多精彩的论述，如朱熹的《朱子读书法》就曾经提出过“循序渐进、熟读精思、虚心涵泳、切记体察、著紧用力、居敬持志”等方法。

叶圣陶先生在这里主要讲了三种方法，一是集中心思，细读慢品，不能够浮光掠影，一目十行；二是边读边思，停停想想，不能够囫囵吞枣，放马平川；三是读读写写，及时笔记，笔记是思考的真正开始。新教育实验提倡对名著应该“啃读”，讲的也是这个道理。当然，一般的书籍，快速地浏览也不是不可以，简单掌握书中的内容也是一种方法。但是，对于那些解决根本问题的根本性书籍，则需要细嚼慢咽，需要与它进行深度的聆听、对话、批评、质疑，所以，读书笔记是一种行之有效的办法。

叶圣陶先生还提出，好的读书方法能够提高阅读的成效，起到“事半功倍”的作用，如注意阅读书的序言、后记等，对于快速了解书的内容就十分有益。

所以，父母们不仅要重视孩子的阅读，而且要教给孩子正确的读书方法，帮助他们提高读书的效率。

网友感悟

窗边的豆蔓：跑马溜过的一定是不感兴趣的；能沉静下来读的书一定会引发思索的；笔记可以有专门的本子来记，至今看自己高中时的摘抄本，青春时光都仿佛春日融融照耀着秋园的一树梧桐。还可以随笔记在书上，因着那一句而由心底发出的芽，开出的花，在那一刻是幸福甜美的微笑，也是夜空的星辰，熠熠闪烁在生命的长河里。再往高处行，绝巘层峦，风景自然无限……

童喜喜：用对方法，提高效率。

愚人：让孩子学会善于读书，乐于读书。

唐乐乐：你说的对。读书方法很重要。朱熹有言："读书之法在熟读而精思，使其言皆若出于吾之口，使其意皆若出于吾之心，然后可以有得尔。"我也体会到，要追求的是方法，而不是结论，结论是凝固了的死了的东西，而方法呢，却可以在任何场合灵活应用。

远水流：要教给孩子正确的阅读方法。对于好书，对于解决根本性问题的根本性书籍，要细嚼慢咽，与它进行深度的聆听、对话、批评、质疑，集中注意力，读完回头想想，写读书笔记，这才能真正提高读书的效率。

读书的三种态度

读书有三种态度：一种是绝对信从的态度，凡是书上说的话就是天经地义。一种是批判的态度，用现实生活来检验，凡是对现实生活有益处的，取它，否则就不取。又一种是随随便便的态度，从书上学到些什么，用来装点自己，以便同人家谈闲天的时候可以应付，不致受人家讥笑，认为一窍不通。

顽固的人对于经书以及笼统的所谓古书，是抱第一种态度的。他们或许是故意或许是无心，自己抱了这种态度，还要诱导青年也抱这种态度。青年如果听从了他们，就把自己葬送在书里了。玩世的人认为无论什么事都只是逢场作戏，读书当然不是例外，所以抱的是第三种态度。世间唯有闲散消沉到无可奈何的人才会玩世；青年要在人生的大道上迈步前进，距离闲散消沉十万八千里，自然不会抱这种态度。青年应当抱而且必须抱的是第二种态度。要知道处理现实生活是目的，读书只是达到这个目的许多手段之一。不要盲从“开卷有益”的成语，也不要相信“为读书而读书”的迂谈。要使书为你自己用，不要让你自己去做书的奴隶。这点意见虽然浅薄，对于被围在闹嚷嚷的读书声中的青年却是有用的。（《读书的态度》，载《叶圣陶集》第12卷，第88—89页）

朱永新解读

关于读书，叶圣陶先生有许多重要的观点。1935年四五月间，各地举行了许多读书的活动，报刊上也有许多指导读书的文章。但是，在“九一八”事变以后，主张读书救国，多少有点不合时宜。叶圣陶先生的这篇文章，就是在这样的背景下写的。他认为，读书固然重要，更重要的是“拿出自己的一份力量对付国家的厄运”。

叶圣陶先生把读书的态度分为三种：一种是盲目信从，一种是批判审视，一种是装潢门面。第一种态度就是全盘相信书中的内容，把书上的内容奉为圣旨。如果这样，年轻人就必然要把自己葬送在书中。第三种态度是把读书作为谈话的资本、炫耀的材料，不是为了真正地应用于生活。这样也就会逢场作戏，过于随便。只有第二种态度才是正确的选择，这就是要学会批判性审视。书中的内容要与现实生活互相参照印证，生活才是读书的最高目的。

因此，我们一方面要鼓励孩子阅读，另一方面，要教孩子学以致用，把读书与生活紧密联系起来。

网友感悟

羊角花开：关于读书，我最欣赏第二种态度，也常用第二种态度去阅读。我觉得阅读就是要用批判的眼光，对于有利的东西加以吸收利用，一些不太好的东西就要舍去，或者变废为宝，取值为反面教材。

桃花仙子：知识在运用中得到巩固，能力在训练中得到培养。只要平时加以引导，孩子就会进行批判性阅读。尤其是现在的书，很多都是盗版，如果不能以批判的眼光阅读，将会害了孩子！记得一年级时我们讨论过一个问题：广告可不可信？有的孩子就说可信，因为是电视里面演的！当时一听，我吓了一大跳。后来就不断地设计一些情景，让孩子们去发现老师的错误、标语的错误、书本的错误……孩子们渐渐学会用脑子阅读，学会把自己的阅读所得跟同学交流、分享、争论……

童喜喜：学以致用。

王轩强：读书，不是数字的虚加；读书，不是技能的扼杀。读书万卷、学海千载，最终的目的，不过是为人的生存与生活减压。读书，不需要浮夸，要真实，更要现实。

盖盖－黑木耳：阅读是通向现实的桥梁，能走进去亦能走出来才好。

李毅龙：当今社会，情商在决定你的社会地位中起到攸关重要的因素，学校学到的东西只有在社会实践中加以应用，才能做到学以致用，社会是个大学堂，人终归是社会人！

善读无字书

善读未写书，不守图书馆。
天地阅览室，万物皆书卷。
知常与察变，齐下操双管，
心之官则思，至理终必阐。
缅怀达尔文，早岁抱宏愿，
航海历诸州，动植兼究探；
同中乃有异，其异何由判？
又复考化石，于焉察古远；
从知简趋繁，生命实一贯。
辉煌进化论，厥功达翁冠；
教宗神异说，一一如冰涣。
神益于人类，其量宁可算？

（《读书二首》）

朱永新解读

这是叶圣陶先生《读书二首》的其中一首，讲了读无字之书的重要性。

读书，有各种形式。读纸质图书当然是最主要的一种读书方式，但是中国古代一直强调“读万卷书，行万里路”，行路、实践，则是另外一种阅读。在现代，看电影、上网络等，也是另外的阅读。虽然这些无法取代纸质阅读，但也是获取知识的重要来源。

纸上得来终觉浅，绝知此事须躬行。无论是达尔文发明进化论，还是哥伦布发现新大陆，这些都不是关在书斋里面能够成就的大事业。

读无字书与读纸质书一样，也是需要用心思的，也是需要发挥“心之官则思”的作用，去发现现象中的本质，阐明事物的内在道理的。

亲爱的父母们，让孩子在读书与游戏中成长吧，让孩子在游历和探索中发展吧。有字书和无字书，两种阅读不可偏废。

网友感悟

mynisky2a：人生处处皆学问，“知常与察变”，实践出真知。

窗边的豆蔓：坐拥书城意未休，夜影阑珊一孤舟。古往今来风景异，谁解墨香到白头？捐风历雨脚下路，坎坷大化几多愁。莫问前途多少梦，赍酒携琴又一秋。——《也说读书》

刘立z：我们很多知识都来自于书本（纸质阅读），但我们走出校门后更需要超越书本的大阅读。于是现在我们需要带领孩子们到大自然中去游玩、探索，这种阅读有利于培养孩子们的探索、发现和创新精神。这将是让孩子们受用一生的。

童喜喜：向生活学习，读无字书，书写生命。

梅之雪：阅读可见不可见之生活，行走可见不可见之心路！

雨巷丁香：那些头脑中所思索所意识过的一切痕迹，都是阅读。

竺山：周总理有句名言：“与有肝胆人共事，于无字句处读书。”

屈彦新：我们的父辈大多没读过多少书，但民俗知之不少，民谚脱口而出，典故如数家珍。生活与学习本就是一回事，也即另一种阅读！

尽信书不如无书

学生在阅读课外读物的时候也应该明白，写在书上的东西并不是完全可以信赖的。阅读固然要认真，但是尤其重要的是要抱着批判的态度，要区别哪些是应该接受的，哪些是不该接受的，不能“照单全收”。不加区别地“照单全收”绝对不是妥当的读书方法，也不能提高自己的识别力。那么批判用什么作为标准呢？我想，用“此时”“此地”来作标准，大致不会出什么错。凡是跟“此时”“此地”相适应的，大概是可取的，当然还得经过实践的检验；凡是跟“此时”“此地”不相适应的，一定是不可取的，至多只可以供谈助而已，绝不能作为自己的行动方针和生活目标。(《中学生课外读物的商讨》，载《叶圣陶集》第 11 卷，第 112 页)

朱永新解读

尽信书不如无书，这是古人对于阅读的一种态度。

读书需要带着怀疑的眼光，批评的态度，那种人云亦云、照单全收的态度，只能培养储存知识的“两脚书橱”，而不能够灵活地加以运用。

所以，“读书贵疑”，学问学问，贵在发问，问，就是怀疑、质疑，去除疑问的过程，就是学问长进的过程。那么，用什么作为评判的标准呢？叶圣陶先生提出了“此时”与“此地”的时空观，也就是说，要把书本上写的东西，放到现在的时间和空间背景下重新审视。过去对的，不一定现在对；人家那里对的，不一定适合我们这里。

父母们在引导孩子读书时，不妨也注意培养他们提问的习惯、批评的态度，鼓励孩子挑战书籍。

网友感悟

mynisky2a：思考帮助理解，问题帮助思考，让知识真正指导现实生活，书才实现了价值。

窗边的豆蔓："学而不思则罔，思而不学则殆"，抱着怀疑一切的态度学习。"吾爱吾师吾更爱真理"，有所收获也有所创新。

吸烟散人：质疑和批判都没错，但我认为这只是表面的问题，真正的问题是如何去质疑，教会人怎样质疑才是主要的问题。推荐一本教人怎样质疑的书《批判性思维——带你走出思维的误区》。

六弦琴韵："尽信书不如无书"，唯物辩证的观点，要得！只是以孩子的阅读能力，他还未有这个辨识能力和质疑的底气，所以教育的路真的很漫长！

敖双英：用批判的态度来学习，存疑、解疑、去疑之后，学问就长进了。朱老师的解读令人豁然开朗！尤其是引导孩子阅读时，让孩子提问多么重要！

不该禁止孩子看小说

我并不是因为自己写过小说，就把小说看作宝贝，以为非教学生看不可。我也不像有些学生那样，认为一切学科一切作业都可以丢在脑后，只消捧一本小说在手，就可以混日子。我只想说，小说在教育上自有它的价值，教育者应该好好的利用它，以收教育上的效果；不好好的利用它，随学生去乱看，这是消极的办法，我不赞成；见学生乱看，觉得讨厌，干脆来个禁止，这是更消极的办法，我更不赞成……

好的小说都有充量的文艺性。所谓文艺性，粗浅的说，就是他不但教人“知”，而且教人“感”；不但教人看了就完事，而且留下若干东西，教人自己去思索，自己去玩味。“感”比较“知”深入一层；“知”是我与事物对立，以我“知”彼，“感”是我与事物融合，彼我不分。再说留下若干东西，教人自己去思索玩味，这就是所谓弦外之音，食余之甘，比较弦停音歇，食尽味绝，受用处自然多些……

小说不偏于逻辑的境界，记认的境界，道德的境界，等等，它直接触着人生，他所表现的境界是个有机体，以人生为它的范围。青年人读了许多小说，吸收了许多好的意思，获得了许多人生经验，因为那些意思与经验都是通过了作者的精神的，青年人渍染既久，其精神也就渐趋高深，即使不能与作者并驾齐驱，至少也会与作者同其倾向。青年人的精神与出色的作者同其倾向，不正是教育所求的效果吗？（《给教师的信》之四，《关于禁止读小说》，载《叶圣陶集》第 11 卷，第 170—171 页）

朱永新解读

1944 年 3 月，一群学生向叶圣陶先生反映他们学校禁止读小说的事情。于是，叶圣陶先生给这所学校的语文老师写了一封信，谈了小说的教育价值，以及如何引导学生读小说。

禁止读小说，虽然在我们的学校不太会明目张胆地进行了，但是也有一些学校是限制学生阅读文艺作品的，他们用大量的作业，占据了学生所有的时间与空间，自然无法阅读。也有许多家庭不让孩子读小说，认为读这些“闲书”对于学习有害无益，会耽误孩子的学习。

叶圣陶先生明确告诉老师和父母，小说其实是学习人生经验和人生价值的好教材，是真正能够打动人心、感动孩子的好故事，对于人的精神成长具有不可或缺的作用。

因此，关键不是要不要让孩子看，而是如何选择那些优秀的小说、经典的作品，让孩子在有限的时间里得以被最伟大的作品熏陶。

网友感悟

暖暖妈妈：适合孩子的、经典的小说正是孩子从中获取精神财富的基础。

祁县开心王：优秀的小说是色香味俱全的心灵营养大餐。既然人人都喜欢吃美味大餐保养身体，足可说明优秀小说不能不看！

刘立z：选择性地读一些有意义的小说，能让孩子们学会欣赏，学会关爱，学会辨别真善美，学会感恩，懂得生活的丰富多彩。

童喜喜：文学就是人学。

陈东强：读一本好书，就是和许多高尚的人谈话。于无声处，润泽生命，感悟世界，认识自我。所有的好书，读起来就如同和过去世界上最杰出的人谈话。

无为0：好的小说不仅满足阅读者的“感”和“知”，它几乎可以满足所有感官，甚至包括触感；而且好的小说不仅仅针对儿童，接近不惑如偶，依旧钟爱不已。

干国祥：我们的童年精神，是由《隋唐演义》《西游记》《水浒传》《三侠五义》以及金庸武侠小说所构成的，当然在青春期中，也有《基督山伯爵》《简爱》《茶花女》《乱世佳人》；今天的童年，是由樱桃小丸子、火影忍者、宫崎峻构成的……这些不同的名字背后，究竟意味着什么，它们各将开创怎样的世界？

贾海红：阅读经典，自觉拒绝所谓的排名榜式的“快消”，适销对路炒作后的商品就算了吧。读后有所感悟，受启发，能提升自我的还是经过时间检验的名著。看书的时间不多，孩子们还是多读些好书。提倡亲子共读，以及大声朗诵，即便每天只有一刻钟，也会受益匪浅。

山高水长一路有你：赞成教授的观点。阅读小说确实是孩子了解社会感悟生活的一种便捷方式，但现在的小说，泥沙俱下，鱼龙混杂，孩子因辨识能力不高而受误导的可能性还是比较大的。不好的小说会严重玷污孩子纯洁无暇的心灵，使之误入歧途，所以媒体、老师、家长的推荐引导至关重要。

让儿童走近文学欣赏文学

我先要请求为父母的，儿童的一切本能都让他自由发展，更帮助他们发展。那些是文学的泉源啊。我不曾见备受遏抑的人而为伟大的创作家，或者为真能爱好文学者。我相信中国伟大的创作家还在摇篮里，所以我这么请求。我又要请求为教师的，不要将学校成为枯庙，将课本像和尚念梵咒那样给儿童死读。你们可以化学校为花园，为农圃，为剧院，为工场……他们在里面有丰富有趣的生活，一面用那么的眼光选择很好的文学给他们读，不仅是读，且使他们于此感动，于此陶醉。我们固然不希望个个儿童为创作家，这是不可能的事，但不可不希望个个儿童能欣赏文学，接近文学。（《文艺谈》，载《叶圣陶集》第9卷，第75页）

朱永新解读

叶圣陶先生认为，让儿童自由发展是教育重要的使命。父母和教师应成为一个帮助者，帮助孩子自由地发展，成为他自己，而不是把父母和教师的想法强加给孩子，代替甚至强迫孩子按照自己的意愿去发展。

在孩子发展的过程中，除了“丰富有趣的生活”外，文学具有非常重要的作用。因为儿童的世界总是有限的甚至是狭隘的，文学能把他们带到另一个世界，一个超越儿童时空和经验的世界。儿童能通过文学走进更加广袤的世界，拥有更加宽广、丰富的心灵。

让儿童欣赏文学、亲近文学，不一定是培养未来的作家，甚至也不是为了培养未来的文学爱好者，而是为了孩子心灵的成长。文学是人学，是来源于生活又高于生活的浓缩营养品，没有经过文学熏陶过的心灵，多少是有些缺憾的心灵。

亲爱的父母们，让我们的孩子走进文学、热爱文学吧。而且，最好是父母能与孩子并肩在文学的世界里流连。

网友感悟

暖暖妈妈：走进文学，丰富心灵，是孩子以后步入创作的底色。

祁县开心王：文字，像一个个活泼可爱的思想小精灵，以各种各样出人意料的方式聚集起来，或模仿，或创新，或扭曲，或躲藏……形成不同样本的文学形式装点在人们的门窗上，沾挂在人们的衣襟或裤脚上，有的干脆就攀援在人们的眉毛和额角的发梢上，忽隐忽现地给人们带来一股清新的草香或者淡雅的浅色，有时候竟然是隐身不见的沁人心脾的温馨体会和感觉，让你招之能来挥之不去，像是须臾不能独离的水、阳光和空气。或许文学中潜藏的精神气息一时半刻也不曾离开过人们的生活和身体，更何况那些天使般精灵古怪时刻与文学为伍的孩子呢……

橙黄橘绿时：拽拉着孩子朝向你所期望的方向和水平，会离“走近”与“欣赏”的状态越来越远。给孩子自主的生活空间，自由的心灵空间，为孩子营造丰富的环境，创造多彩的生活体验，“化学校为花园，为农圃，为剧院，为工场”。那么，再读文学，孩子会敏锐地感受和领悟到其中的美，与之情感共鸣，为之感动、陶醉，进而以欣赏的眼光走近文学。

童喜喜：自由最可贵。

窗边的豆蔓：文学可以让孩子们超越现实，未来在想象里，正如科幻之父凡尔纳预言百年后的未来。

养成随时阅读的习惯

不爱读书的中年人和老年人是没有什么办法的了，除非他们忽然觉悟，感到读书的必需，自己去养成读书的习惯。可是青年人为了充实自己，也为了充实我国的国力，非在学生时代养成随时阅读的习惯不可。所有的青年人都注意到了这一点，那么在不久的将来，我国就可以成为一个普遍爱好读书的国家。随时阅读的习惯，不是读几本教科书和讲义能够养成的。教科书和讲义是教师指定要读的，而要养成的，却是不待别人的指定，能随时阅读自己所需要的书的习惯。教科书和讲义不过是一个比较详明的纲要，而要养成的，却是不以只知道一个纲要为满足，能随时阅读内容丰富体裁各异的书的习惯。这种随时阅读的习惯，只有多读课外读物才能养成。（《中学生课外读物的商讨》，载《叶圣陶集》第11卷，第108页）

朱永新解读

叶圣陶先生对于中老年阅读有点悲观。他认为，对于没有形成阅读习惯的中老年人来说，一般不会有主动阅读的兴趣。除非他们感受到阅读的迫切性。但是，对于年轻人来说，为了自己的成长，也为了国家的发展，就必须养成阅读的习惯。一旦养成了阅读的习惯，就能够形成终身阅读的兴趣。

当然，从心理学的角度看，尽早养成阅读的习惯的确非常重要。格林曾经说过，人生前十四年所阅读的东西，不仅会记住一辈子，而且会形成良好的阅读习惯。

许多父母都错误地认为，阅读教科书、教辅书也是就是阅读本身，叶圣陶先生早就指出了这样的误区。他认为，随时阅读的习惯，不是读几本教科书、教辅书就可以养成的，而是需要自主阅读，随时寻找自己需要的图书，并且认真阅读才能够形成的。所以，从小养成孩子阅读的习惯，鼓励他们形成自己的阅读兴趣与选书淘书的乐趣，是非常重要的事情。

网友感悟

童喜喜：小学是养成习惯的关键时期。

小越轩说戏人：阅读课外书确实是培养阅读习惯的良好途径，但是我觉得这里有些过分强调课外读物的作用。虽然教材教辅内容不尽丰富，但是毕竟语文课是教会学生如何阅读的一门课，对学生形成阅读习惯还是有一定影响的。科学合理的阅读能起到事半功倍的效果。所以教材教辅的作用同样不可小觑。我早些时候也是这么认为的，但是随着时间的推移，我感觉语文课是有提高阅读能力，传递正确阅读方式的功能的。时下的教学研讨，对阅读这块还是很重视的，比如一篇课文学什么，说的是什么，怎么体会，有哪些值得记住的词句，课文的背景是什么，课文的阐释思路是什么等等，其实这些都是潜移默化的阅读教育。

读书的时间从哪里来

阅读课外读物，首先不能不谈到时间问题。中学里科目繁多，各科的教科书和讲义都得在课外温习，还有笔记和练习等作业得在课外做，要划出充裕的时间来阅读课外读物，事实上是办不到的。上一次我说过了，阅读课外读物可以养成随时读书的习惯，这就要每天阅读，持之以恒，时间少一点儿倒不妨事。有的书读起来并无困难，一个钟头可以阅读一万字，即使要费点儿心思的，一个钟头也可以读五千字。就以五千字算吧，一本十万字的书，每天读一个钟头，二十天就可以读完，一年不就可以读完十八本吗？从初一到高三这六年里年年如此，不就可以读完一百零八本书吗？这就很可观了。一年里头还有两个不短的假期，暑假和寒假，都是阅读课外读物的好时机，假如每天读三个钟头，这不算太多吧，两个假期合起来作为八个星期计算，就有一百六十八个钟头，至少可读完八本书，六年又是四十八本。所以时间并不是不充裕，只要坚持不懈，成绩是很可观的。（《中学生课外读物的商讨》，载《叶圣陶集》第11卷，第112—113页）

朱永新解读

经常有父母说，孩子们学习负担已经够重了哪有时间读书？那么，看看叶圣陶先生的这段文字吧！

鲁迅先生曾经说过，时间就像海绵里的水，挤挤总还是有的。许多埋怨没有时间读书的人，如果把自己每天的时间统计分析一下，就会知道，浪费的时间是非常之多的。看电视，不知不觉几个小时就会飞逝；

上网，稀里糊涂半天就过去。更不要说与朋友侃大山、打麻将了。

关键是，你把什么事情放在最重要的位置上。如果你认为读书是最重要的事情，那么你一定会为自己找到阅读的时间。每天挤出半小时一小时，休息日挤出两三个小时，对于一般的学生还是能够做到的。在我们许多新教育实验学校，小学生至毕业时阅读量超过1000万字的也大有人在。

所以，亲爱的父母们，和你的孩子一起阅读吧，每天哪怕挤出10分钟，也非常有意义！孩子一旦喜欢上阅读，他就会主动寻找阅读的时间，他将因此拥有一个新的世界！

网友感悟

mynisky2a：喜爱是一切的原动力，爱上读书，时间就不是问题。让孩子读课外书，有时也可以敦促其高效完成课业，真是一举两得的好事。

窗边的豆蔓：为孩子读书也是阅读，每晚坚持读一段，一本厚厚的《永远讲不完的故事》慢慢也就讲完了。无数个星光闪烁的夜晚，无数个床头的泪光盈盈和感慨，无数个垂睫安睡的宁静，无数个被满怀的爱铺满的长长的夜。今晨，在这首《天空之城》的音乐中为女儿读……日日自己读书墨香悠远，为女儿日日读书夜夜温馨。

晴天娃娃：阅读如同吃饭、呼吸一样重要，持之以恒，坚持养成每天阅读的良好习惯。

童喜喜：零碎时间也可以滴水穿石。

养成查阅工具书的习惯

无论读哪一类书，都必须使用工具书，如字典、辞典、图表等等。要知道一个字的精密的解释，一个词语的正确的涵义，就得翻查字典和各科辞典。要知道一个地方的正确位置，就得翻查地图。要知道各种东西的实相，就得翻查各种图谱。要知道一个人物的经历，一件事情的概要，就得翻查年谱和大事表。工具书是不开口的顾问，会回答你的各种疑难；工具书又是包罗万象的博物馆，能让你查考各种想知道的事物。个人要置备所有的工具书是办不到的，你得尽量利用学校图书馆和公立图书馆里的工具书。在阅读各种课外读物的同时，你得熟悉各种工具书，养成查阅工具书的习惯。（《中学生课外读物的商讨》，载《叶圣陶集》第11卷，第114页）

朱永新解读

在叶圣陶先生的时代，还没有网络，没有百度、谷歌等现代搜索技术，所以必须利用各种各样的工具书。字典和词典、年谱和大事年表、图谱和百科全书，等等。

现在，各种各样的工具书越来越电子化了，甚至诸如《大英百科全书》这样传统权威的工具书，也已经只出版电子版了，但是，学会搜索查证，仍然是读书的重要方法。

读书的过程是一个建构的过程，是原有知识体系与现在学习的知识之间建立有效联系的过程，及时弄清楚新的知识，无论是一个生字、一个词汇，还是一个典故、一段历史，对于正在学习的学生有着重要意义。这些疑惑，就像拦在前行道路上的一个个障碍物，搬掉它，就能一步一个脚印，能走得更稳更远。

工欲善其事必先利其器。父母们应该帮助孩子学会使用各种工具书，掌握运用网络查询知识的基本技能。

网友感悟

mynisky2a：工具书和搜索引擎就像身边的百事通，是自学的好老师，好助手，学会使用它们，孩子们就能自己为“十万个为什么”找到答案。

窗边的豆蔓：查阅的过程即寻找和收获的过程。

童喜喜：工具书是好老师。

张春芳：在现代，有意帮助学生养成查阅工具书的习惯，尽可能避免依赖网络。

远水流：工具书是不开口的顾问，父母要教会孩子使用工具书，如各类字典、词典、图谱、百科全书等，以及运用网络查询知识的基本技能，这是读书的重要方法。

阅读指导应精益求精

阅读指导似乎该精益求精。这一类读物对少年儿童的好处既然在潜移默化，就得让他们在认真阅读之中自己有所领会，而不宜把他们能够领会的先给指出来。自己领会出于主动，印象深，经人家先给指出来然后去领会，未免被动，印象可能浅些。假如上述的想法可以得到承认，那么阅读指导就该从某一读物的具体情况出发，给少年儿童种种的启发，或者给指出些着眼的关键，或者给提出些思考的问题，使他们自由阅读而不离乎正轨，自己能得到深切的领会。打个比方，阅读指导犹如给走路的人指点某一条路怎么走，而不是代替他走，走路的人依照指点走去，非但不走冤枉路，而且见得广，懂得多，心旷神怡，连声说“不虚此行”，同时衷心感激给他指点的人。总之，阅读指导既是思想工作又是技术工作，越深入，越细致，受指导的方面得益越大，前面说要精益求精，就是为此。（《给少年儿童多介绍课外读物》，载《叶圣陶集》第11卷，第252页）

朱永新解读

叶圣陶先生的这段文字，对于父母选择和指导孩子阅读课外书，具有重要的参考价值。

这是1959年6月1日发表在《光明日报》上的一篇文章，针对少年儿童读物数量不够多，品种不够丰富的情况，叶圣陶先生呼吁为少年儿童提供更多的课外读物，他认为，“说得严重点儿，这是对世界的明天负责任的大事”。

读课外书对于少年儿童具有特别重要的意义。叶圣陶先生举例说，老守在屋子里的人，经常少见少闻，就会安于少见少闻。“出去跑跑，接触异方殊俗，经历名山大川，知道世界那么广大，未知远胜已知，就尽想往外面跑，再不愿守在屋子里了”。这样，他们就会产生无穷的兴趣，立下跑遍全世界的宏愿。

那么，少年儿童应该读什么？叶圣陶先生认为，文艺类的书当然需要，但是千万不能够忽视知识类的读物，如关于天文地理的旅行记、探险记、星空巡礼记，历史方面的历代名人传略、创造发明故事、历史小故事，生物方面的昆虫、森林，还有物理、化学的读物，如“电灯为什么发光，钢铁为什么生锈”等等，帮助儿童养成查根究底的习惯。这些读物内容比课本丰富，写法比课本生动，阅读时能够触类旁通，既能增强求知欲，又能巩固课内学习的东西。

所以，叶圣陶先生希望这些书的写作和阅读指导都要精益求精。不要把现成的答案给学生，而应留有余地；既不要代替他们走路，也不要让他们走冤枉路。

网友感悟

童喜喜：送上马，扶一程。

朱寅年：孩子的阅读需要大人陪着走。

cherry：说得极是，应该给孩子留有余地，慢慢让他探索。

马琦：阅读是精神生活方式，阅读能力与认知方法论及知识构成及解构潜质正相关属硬通货。也是有效劳动的最终等价物。就业指导相当重要！但指导根本代替不了就业。孩子们请用自己高效的精神劳动兑换阅读力的硬通货吧！去享受书海中高品质的精神生活吧！

我是中国人：赞成！心理咨询师也不是直接告诉来访者该怎样做，而是挖掘来访者潜能，使来访者自己感受到该用怎样的方法解决困惑，该怎样生活、学习更舒适。

春风杨柳：做好这个阅读指导的“技术工作”是一件大事儿。需要不断学习。

读书有时候需要“抄书”

一目十行下，或吞囫囵枣；一字莫吨套，还是抄书好。

陶不求甚解，岂谓竟草草？何由莫草草？抄书径可蹈。

提笔意始凝，并驱手共脑，徐徐抄写之，徐徐事究讨。
细嚼得真味，精鉴乃了了，瑾瑜固惬心，瑕亦辨微小。
此际神完固，外物归冥邈，罔觉渐移晷，不闻当窗鸟；
佳境良难状，其甘只自晓。同好且过我，诗成寄伯老。

（《抄书》，载《叶圣陶诗词选注》，第204页）

朱永新解读

叶圣陶先生在学生时代就喜欢抄书，“文化大革命”期间更是以抄书作为日常的消遣。他的中学同学、好友王伯祥先生也有类似的习惯和兴趣。所以，1971年叶圣陶先生完成这首诗的时候，首先想到的就是“寄与观之”，与好友分享。

叶圣陶先生反对读书一目十行，囫囵吞枣。如何才能够集中精神读书呢？他认为抄书是一种有效的办法，因为拿起笔来，注意力就会凝聚，真正的思考才会开始。

宝剑锋从磨砺出，梅花香自苦寒来。真正的大学者，都是下过苦功夫的。抄书这样的“笨办法”，是过去学者经常采用的办法。因为在抄写的过程中，一个字也不能够“遁逃”过去，书中的精华也才能够清清楚楚把握。现在，我们当然不一定要求孩子抄书了，但是阅读时用笔做记录、摘抄，写一些心得体会，对于更好地掌握书中的内容，无疑是有帮助的。

网友感悟

窗边的豆蔓：狼毫摘精华，寸管已忘筌。读书贵在好，沉吟且推敲。古今往来文，莘莘知多少？我手写我心，寄语后来人。

祁县开心王：借用一句话来表述“抄书”的好处就是：天下文章

一大抄，看你会抄不会抄?！抄书是手、眼、心、意俱到的活动，基本属于全身运动，人的体验性最具体入微，所获得的感受也尤为深刻生动，况且抄写过程中一笔一划的写作，为思考提供了充分的时间保证……

桃花仙子：叶老先生也提倡抄书啊！小时候没有那么多书可读，看到好的文字好的内容，都喜欢摘抄下来，到现在还保存着这些摘抄呢。现在的孩子，作业那么多，好看的电视天天有，不知道还有多少人在“抄书”啊?

唐乐乐：抄书是笨功夫，却扎实，现在人们不大重视了。此法要大力提倡，免得学习走弯路。

远水流：苏轼也抄书，小时候读经典都要全文亲手抄一遍，既熟读了经典，又练习了书法，天才与勤奋成就了他。

合肥的雪：对于阅读的内容进行整理摘录，是一个很好的习惯，可以更好地理解书中的内容，汲取精华。

江耀进：年轻时读书喜欢在书上划杠杠，写批注，还有做笔记，写读后感，后来似乎养成了“洁癖”，不忍在书上写划，至多碰了错别字和疑问处用铅笔勾出来订正。自己也读了一些书，现在却常感到读了就忘，只好挑几本书反复读，有点傻读的味道。

儿童读物不能粗制滥造

儿童读物固商品也，顾寻常商品，犹必期购者之适用，况儿童读物为儿童精神之粮食，能草草为之“出门不认货”耶？为小学教师未必易于设教大学，即可知编撰儿童读物未必易于传世之述作，名山之事业。不幸此基本观念为著作家出版家所忽视。若辈唯求产量之多，成货之速，遂令花花绿绿灿烂于书柜者，实乃同于无物，且甚于无物之读物。举其缺失约有数端。皇帝公主，摇笔即来；神仙鬼怪，连篇皆是；诡谋售欺，妄云智慧；行一小善，便致富贵；以弃弱为美德，视力作为苦役……凡此之类，皆不适于当今之世，尤非宜于我族此日之儿童，不幸儿童读物中往往遇之：此意识不纯之弊也。布局简拙，观片首而揣知结尾；立言空泛，虽终卷而弗留印象。儿童爱活动，喜变化，厌接浮谈，愿亲实迹。儿童读物不足以满其志，遂顾而之他，街头巷口累累陈列之连环图画，教育专家群以鸩毒视之者，转为儿童之恩物：此技术不修之弊也。造语遣辞，或违于名理；集言成文，或乖于语法；或杂乡土俚言，非他方人所克解；或信笔构句，非我国人所宿习，漫云仿效儿童口吻，实则儿童决无此语言。儿童久而习之，语言思维遂趋歧途，不特语文教学横生阻碍，各科教学亦皆蒙受其影响：此文字不当之弊也……

（《儿童年与儿童读物》，载《叶圣陶集》第11卷，第63—64页）

朱永新解读

针对儿童读物出版的乱象，叶圣陶先生给予了严谨的分析和严肃的批评。在内容上，有许多不适合儿童阅读的作品问世，充满了帝王将相、妖魔鬼怪，宣传了错误的观点，如行一点小善就导致富贵、把劳动作为苦役等。在结构上没有新奇感，“观片首而揣知结尾；立言空泛，虽终卷而弗留印象”。在语言上也粗制滥造，成人化味道太浓，诗歌也毫无童趣童真，如什么“红花开，蝴蝶来”“起得早，学体操。身体好，志气高”等等。至于插图，更是乏善可陈，“难言妙肖”。

叶圣陶先生认为，儿童读物是儿童的精神粮食，绝对不能够马马虎虎，粗制滥造。他希望著作家和出版家能够真正有觉悟，“先立基本概念，儿童读物必须郑重出之”，心平气和做出精品。希望从儿童年开始，好好改善儿童读物，这是真正的造福儿童之举措。

这番话，叶圣陶先生是对著作家和出版家说，对父母也具有很强的参考价值。当下的儿童读物市场上，仍然是鱼目混珠、良莠不齐，所以，慎重选择给孩子的书籍，也是父母不可推卸的责任之一。

网友感悟

窗边的豆蔓：叶老总结归纳，儿童读物当纯，当变化，当符合儿童实际。童心写童书，儿童在阅读中才能找到快乐、悲伤、欢喜、满足……真善美是最朴质、素简的。不要让孩子在花红热闹、缤纷绚烂的童书中迷失，作家负有重任，家长也要以身作则、善加选择和引导。

童喜喜：为孩子烹饪精神食粮。

远水流：出版家要做优秀的儿童读物，父母们要选上好的儿童读物，使孩子们能够享受丰富的精神盛筵，这才是儿童真正之幸。

儿童应生活在诗的王国

诗是何等可贵的东西，它能使我们每一个细胞活动而有趣。小孩是将来的人，他们尤其需要诗。若他们在学校里唱的全是美妙的诗篇，经这等浸渍似的涵养，一定有几许未来的伟大的艺术家在里面。这不是我们所企望而应当尽力的么？（《文艺谈》，载《叶圣陶集》第9卷，第30页）

朱永新解读

诗歌，是合乎儿童生命的一种艺术样式。它是一种节奏感强、富有韵律、具有感情色彩的语言艺术形式，也是世界上最古老、最基本的文学形式。

儿童是天然的诗人。学习了那些儿歌童谣、儿童诗以后，孩子们就会有创作诗歌的冲动，就会情不自禁地写诗。新教育实验的晨诵，就是基于儿童的这一特点，为孩子们度身定做的特殊的教育活动。通过晨诵，让孩子与黎明共舞，与诗歌共舞，对孩子一生具有十分重要的影响。已经有太多实例证明：这样经过诗歌浸染的新教育孩子，无论是语言表达的能力，还是情感的发展，都卓尔不群，明显的与众不同。

亲爱的父母们，尽早把孩子带进诗歌的王国吧！

网友感悟

暖暖妈妈：每天让孩子选一首诗，通过晨诵，让孩子与诗歌牵手，与黎明共舞，让孩子逐步迈向卓尔不群！

窗边的豆蔓：诗是流动的星空，诗是静止的闲云，诗是心中的花开，诗是梦中的雨来。让韵律在孩子们耳朵里轻轻拍打，像海浪追逐沙滩上的脚印，一行行，浅浅、轻轻。

童喜喜：诗意地栖居在大地之上。

星－廿三画生：子曰：“小子何莫学夫诗！诗可以兴，可以观，可以群，可以怨。”写诗需要有丰富的想象力，而小孩子都是这方面的天才。

张嘉泉：《身体教育学》24 个观点之 15：诗教诗疗，诗歌除外。如果老师在整个的儿童教育过程中没有用诗意贯穿其中，生活其中的师生必然是无趣乏味的。校园应该是诗意的栖居地。教师应该深刻领会孔子所说的：不学诗，无以言。不用诗一样的语言如何与孩子交流？

远水流：读诗使人灵秀，让孩子学习儿童歌谣、儿童诗，带领他们

活读运心智，不为书奴仆，
泥沙悉淘汰，所取唯珠玉。
其精既在我，化为血与肉。
斯得读之用，书可束高阁。
外此复有说，读书岂云足？
尚有若干书，犹为经写录，
或由理未明，或由未见熟；
此虽不名书，并宜萦心目。
庄云知无涯，无涯宁退缩？
伟哉唯人类，搜索永相续。

（《读书二首》）

朱永新解读

这是1980年叶圣陶先生应好友贾祖璋之邀，为福建省的科普刊物写的两首关于读书的诗词之一。叶老与贾老是多年的好友，仅70年代到80年代初，他们的通信就多达两三百封，后来还出版了通信集。

这首诗，顾名思义，就是反对死读书的。死读书、读死书、读书死，是许多教育家对书呆子的讽刺。读书的要义，是能够取其精华去其糟粕，能够灵活运用化为血肉。

人生而有涯，知而无涯。在浩瀚的知识海洋面前，不应退缩，而要扬帆远航。所以，读书的最高境界，是活读书，读活书，读书活，运用自己的心智去探索书中已明未明之理，而不是成为书本的奴隶。

网友感悟

LOVEHOME：人生而有涯，知而无涯；扬帆远航，用心智读书，明未明之理。

我的卡卡：不做书的奴隶，要自我实现。

安然：与作者对话，与书对话，与自己对话；读出内涵，读出精彩，读出个性；边读边想，边读边学，读读用用，既活了大脑，又活整个人生。

童喜喜：活学活用。

天道酬勤：书籍是人类的朋友，是成长的伴侣。而巧读、活读、精读、明读才是真理！

读书勿忘人生

书籍这东西，除了行远和贻后，免除遗忘，更没有别的用处。学生要读书，就因为要晓得以往的种种事物，来做自己经验的材料。现在学校里，有一种弊病，就是学生在校里，只知道读书，仿佛说“读书者，读书也”。他们只知道读书，忘却把读书得来的经验，去体验四围的事物，来创造自己的新经验。换一句说，便是偏重读书，忘了人生。（《教材大纲与教科书》，载《叶圣陶集》第5卷，第13—14页）

朱永新解读

1919年，叶圣陶先生和一群年轻的老师们在学校里进行着许多改革与探索，自己动手编辑教材大纲和教科书就是他们的行动之一。他非常不满意当时教科书的质量，认为“凭几位编辑先生高兴或不高兴的时候随意杂凑的”教科书一定是误人子弟的。

另外一个方面，叶圣陶先生又特别提醒，教科书固然重要，但是学生读书的目的与方向更为重要。千万不能够偏了读书，忘了人生。读书的根本目的，是把书中的死知识变成活知识，变成自己的体验和创造的源泉。所以，不能够简单地把教科书、教材大纲发给学生去读，而应该让学生去思考、体验、联想，提高自己的观察力和推理力。

网友感悟

鲍菁：读书是为了学习了解过去，照应未来，帮助读书人更好地汲取好的经验，避免相同的过错，读书是为了能更好的适应社会，更好地生活。

山西核桃：读书更多是与作者交流，不能忘了，生活其实是本活生生的大书。

祁县开心王：书是传承文明的物质载体，读书是薪火相传一种方式。在读书的过程中，阅读者获取的是知识和精神的濡养和熏陶，阅读是摄取和获得、吸收营养成分的过程。承上启下，继往开来，在文明的传承中，个体生命和社会集体都在创造和叙写着一个蕴含着过去、现在和未来的成长的故事。如此看来，偏离了人们的实际生活、为读书而读书的思想和行为就显得有点苍白和虚幻了呢……为了更好的生活而读书，应该更能彰显读书的现实意义和未来价值取向吧。

童喜喜：让阅读使人生精彩。

杨祥：学知识有两重意义；一是不断学习新的生疏的东西，把不知变为知之，二是应用，把学到的东西恰当的灵活运用到我们生活中的方方面面，否则你的学习就失去了意义。一句话，学习在于运用。

远水流：这是为人生的读书，不能够偏了读书，忘了人生。这或许就是一种理念。

林俊：学以致用是较高的境界，学而能创新应该是最高境界！评价制度不改革，还是唯分数论英雄！分数不能丢，但能力更重要。

第四章

作文是生活的一部分

让孩子学会清晰地表达自己的思想，流畅地写出自己的心声，这是最基本的修养。好的写作，应该回归生活，用心记录生活，用心表达情感和思想。

写作，是为了生活；生活，不是为了写作。

“铁肩担道义，妙手著文章”，这是李大钊先生的座右铭，也应该是我们教给孩子的人生指南。既能够作文，写一手好文章；又能够做人，有情怀有担当，是我们对孩子的期待。

写作是最起码的修养

我以为青年试作文艺是好事情，但必须先有最起码的修养，就是：能运用文字把自己所知所想的东西写出来，明白而有条理，没有理论上和语法上的错误。一张请假条都写不好或一篇演讲记录都记不来的人，他绝没有试作文艺的能力；不相信，定要去试作，也不过胡搅一阵罢了，实在没有什么意思。这一点最起码的修养，本是无论什么人都该有的；一个人若不能运用文字把自己所知所想的东西写得明白而有条理，他就算不得一个合格的公民。现在有些青年以为写东西只要提笔写下去就成，不很顾到所写得明白不明白，有条理没有条理。我要爽直地说，这是一种要不得的习气。这种习气会使你写不好一张请假条，记不来一篇演讲记录；这种习气会使你终身受不到写作的实益。（《爱好和修养》，载《叶圣陶集》第9卷，第112页）

朱永新解读

这是叶圣陶先生1941年在《抗战文艺》创刊号上发表的一篇文章。当时有许多文学青年喜欢读巴金的小说，喜欢写各种各样的诗歌散文小说，自认为是文艺爱好者。叶圣陶先生告诉他们，爱好文艺固然是好事情，但是如果一个人连基本的文字功夫也没有，就不要轻易谈什么文艺创作。

其实，与爱读文学书、亲近文学、欣赏文学不一定成为作家一样，写作写得流畅清晰、有条有理，也不一定成为作家。从小事做起，把一张小小的请假条写好，把一次小小的演讲记录好，把自己所想所知的东西清楚明白地表达出来，是最基本的写作训练。没有这样的功夫，就不可能成为什么真正的文艺爱好者，更不可能成为作家。

让孩子学会清晰地表达自己的思想，流畅地写出自己的心声，这是最基本的修养。只有从这里出发，才能够驶往人生的任何一个港湾，包括成为真正的文艺爱好者，真正的作家。

网友感悟

窗边的豆蔓：万丈高楼从地起，清清溪水源头来。为文不畏山险峻，一步一景看花开。

韩伊乐妈妈：文学源于爱好，爱好是最好的老师。同时写作也是一个人理清思路的最好时机。

童喜喜：让孩子学会用文字说出心声。

远水流：让孩子学会清晰地表达自己的思想，流畅地写出自己的心声，这是最基本的修养。我想，这也是帮孩子认识自己的一个途径。

在路上：看后猛然清醒，即使不做什么文艺青年，但也要对自己写出来的东西负责。接下来，注重培养我的文字功底，从工作生活中接触的小的尝试开始。

写作就是记录说话

儿童既有说话的练习，进于写作，实是自然联络的事，并不烦难。

因为写作的本质是情思，本质的符号是许多声音，由本质化为符号，须遵社会的律令，差一点人家便不懂，练习语言的重要意义，实在模仿这社会的律令。律令既明，以下不过写录这些声音出来的功夫罢了。昔人往往说，古文的通不通竟难明其理；熟读书篇，一旦豁然，谁也不知道究竟是什么缘故。这个疑问正可以说明我义。古文是古人的语言，别有一种律令；熟读古文，犹如练习说话，在模仿其律令；律令学成，写古文自然通顺了。

命题作文，人人知道不对。我以为定期作文，也很不自然。果真儿童心灵充分发展，则随时有丰妙的情思，便随时可以作文。即如阅览书籍，笔记所得，也是一种作文的练习。总之，简单干枯的生活里，一切不能着手，趣味的生活里，才可找到一切的泉源。（《小学国文教授的诸问题》，载《叶圣陶集》第13卷，第15页）

朱永新解读

我手写我心。写作，其实就是记录自己的说话。当孩子开始说话的时候，其实就是他开始写作的时候了。河南洛阳一对有心的父母，将孩子每天的说话记录下来，编了一本有趣的《宝宝日记》。而新教育实验的“读写绘”，就是用教师讲故事、孩子画故事并再次讲述故事、父母记录孩子的讲述的过程，作为训练孩子的表达能力、写作能力、想象能力、绘画能力的综合项目。所以，训练孩子的写作，应该从关心孩子的说话开始，让孩子敢说、会说，不仅能够培养孩子的写作能力，还能够培养他们的自信心。

生活的丰富性决定了写作的丰富性。写作，不是简单地上作文课就能够学会的，也不是上各种作文培训班就可以解决问题的。还是应该尽可能让孩子多读书，多游历，多实践。磨刀不误砍柴工，不会读与玩，就不会写。

网友感悟

阿花哥：我们家长、教师要让孩子说起来，写起来，最好就是共读、共写、共同生活。于是就有了同心同德，情以物迁，物以情发，读书破万卷，下笔如有神。

桃花仙子：谁不会说话？谁不会写作？别把孩子框死了，让孩子说话，让孩子写他想说的话。经验告诉我：只有不会写的字，没有不会做的文！

窗边的豆蔓：不愤不启不悱不发，水到渠自成。

高兴吗高兴吧：我理解真正的写作是用文字记述生命的感受，没有真正的生活，写作不就是无根之树、无源之水？写作就变成一些人无病呻吟、无感而发，堆砌一堆没有感染力的文字游戏啦！

写作要有真实情感

人是生来就怀着情感的核的，果能好好培养，自会抽芽舒叶，开出茂美的花，结得丰实的果。生活永远涵濡于情感之中，就觉得这生活永远是充实的。

现在回转去论到作文。假如我们的情感是在那里培养着的，则凡有所写，都属真情实感；不是要表现于人前，便是吐其所不得不吐。写出诚实的话不是做到了么？

我们要记着，作文这件事离不开生活，生活充实到什么程度，才会做成什么文字。所以论到根本，除了不间断地向着求充实的路走去，更没有可靠的预备方法。走在这条路上，再加写作的法度、技术等等，就能完成作文这件事了。

必须寻到源头，方有清甘的水喝。(《作文论》之三，《源头》，载《叶圣陶集》第15卷，第24—25页)

朱永新解读

问渠那得清如许，为有源头活水来。写作，犹如烧菜，没有原料，再好的厨师，也无法烹饪出精美的大餐。

叶圣陶先生是著名的作家，也是著名的教育家。他最清楚，作家如何写得出好的作品；他也最清楚，教育如何培养孩子的写作能力。所以，他告诉我们，写作最重要的事情还是生活，生活充实到什么程度，文字就会充实到什么程度。有了充实的生活，把自己的真情实感倾吐出来，就是好的文字。那些写作的技巧，就相当于烹饪的佐料而已。有了它，可能味道更加鲜美，没有它，也可以做出原汁原味的好菜。

所以，父母们，和孩子一起玩耍，一起旅游，一起看电影，让孩子的生活丰富多彩，孩子就能够积累丰富的原材料，写出缤纷多彩的好文章！

网友感悟

窗边的豆蔓：没有看到过花开花落，没有感悟过云卷云舒，没有听到过春天的第一声鸟啼，没有凝视过逝去亲人的面孔，没有感受过柔软的小小躯体的离开，没有执子之手的泪眼，没有决然转身的冰寒……那一句诗的那一个字从哪儿钻出来？

刘立z：我们不能怪孩子不会写，而应反思我们有没有给孩子丰富而真实的生活体验。带孩子去感受自然的神奇，体验生活的多彩，稍加引导，孩子自会写出不错的作文。

鑫鑫妈：当孩子做了，才能原汁原味地说出来，才能生动地表现出自己真实的情感。每一件事情，当我们亲身体验了，写自然会顺理成章。带孩子一起去旅游，去感受大自然的美。

陈春华：巧妇难为无米之炊，生活是创作的源泉。

教育圈：作文这件事情是"我手写我心"，如果"我心"没有观察，没有体验，没有感受，"我手"只能转帖和复制了。要给孩子观察、体验、经历、感悟的机会。

听和说是读和写的基础

学校教育系统中的语言教育开始于幼儿园，幼儿园训练的是听和说，这是基本。儿童进了小学才开始识字，开始读课本，这才遇到读和写的事。读和写是听和说的发展，绝不是两码事，凡是语文教师，对这一点必须确信不疑，始终贯彻在教学工作之中。对于语法、修辞和逻辑，教师必须在语言实践（就是听、说、读、写）中知其然并且知其所以然……语法、修辞教的详细甚至于繁琐，徒然使学生厌倦，还是简要地教一些，而在他们听说读写的实践中随时给他们指点启发的好。假如各级学校精神一贯，学生所受的语言教育就足够了，可以适应生活和工作的需要了。追究到根源，却在于幼儿园训练孩子听和说，基础打得好。从幼儿园的孩子到高中生，各项程度显然有高低之分。但是幼儿园的教师与高中语文教师共同站在语言教育的阵线上，并且做的是打基础的工作，竟可以说责任更为重大，功能更为重要。只要平心静气想想，这样看法该是谁都同意的。（《关于师范教育》，载《叶圣陶集》第11卷，第367页）

朱永新解读

在学校教育中，尤其是在语文教学中，听说读写是不可分割的四种重要能力。但奇怪的是，大部分学校和大部分父母、老师，都把眼睛盯着读和写，因为考试，主要是看读与写的能力。

其实，这是舍本求末。对于孩子来说，听和说，远远比读和写重要得多。倾听不仅是人际沟通的重要能力，也是赢得尊重、理解的重要前提。不会听，就不会交往，就无法获得关键的信息。言说，是表达意见、说服别人的重要能力，也是一个人自信心的重要体现。所以，新教育实验的六大行动，把“聆听窗外声音”“培养卓越口才”作为重要的内容。

听和说是读和写的基础，读和写是听和说的发展。特别是在幼儿时期，更应该把主要的精力放在孩子的听和说的培养上，这是父母和幼儿教师必须认识的重要问题。语言本身是生动有趣的，如果一开始就把拼音、语法、修辞、逻辑等横在孩子们的面前，可能就会扼杀了孩子学习语言文字的积极性。

叶圣陶先生的提醒，不仅对语文老师，对于父母也是十分有参考意义的。尤其是父母，在家庭中更可以随时通过交流，促进孩子听和说的能力。

网友感悟

刘立z：佩服叶老先生的远见。的确孩子的听说是读写的前提。在班上能用心聆听别人发言，并积极发表自己见解的孩子，读写能力无疑是一流的。我们应该从小重视孩子的听说能力的培养。

金盏花儿：的确，现在的孩子在“听”的方面，尤其缺失。这是需要老师警醒和关注的。如果家长能够尽可能早的注意到听、说能力的培养，这对于孩子学习习惯的培养，是事半功倍的事。

童喜喜：听与说是父母更容易打好的基础。

干国祥：读的本质是生命的丰盈（包括精神实质的充实广大和形式之美的玩味），写的本质是生命的编织与流溢，现在许多读写徒有其表，丧其本质，根子之病，就是生命不在场。

六弦琴韵：在生活中注意教会孩子学会聆听，就事论事能发表正确观点；加大孩子的阅读量，教会他用眼睛观察周围的人和事，提高听说读写能力。

写作与生活

关于写作一项，最宜着眼于生活和发表的一致。如果学生不能用文字发表自己的思想与情感，不能用文字记录实际生活上的一切，那才是能力上的缺陷。不能或者不肯“应制”地说一些与实际生活全不相干的话，正是青年率真的表现，有什么不应该？有什么可以惭愧的？

习惯着“应制”作文，就不很能够亲切地发表自己的思想与情感，记录实际生活上的一切。从前颇有人做得很好的文章，可是不能写一封抒情寄意的书信；这因为他们早已把写作与生活分隔开来，而写抒情寄意的书信却是生活上的事情，所以没法应付了。可见有一些父兄的告诫和教师的教导正是学生的灾难，他们希望增进学生的写作能力，实际却在阻遏学生的写作能力。凡是不甘受灾难的青年，遇到《论王者之政必自经界始》这类的题目，只有交白卷了事，可不是？（《国文试题与科举精神》，载《叶圣陶集》第12卷，第16页）

朱永新解读

这是1931年12月发表于《中学生》杂志的一篇文章的节选。当时的国文考试题目，古怪刁钻，如有一个试题是《论王者之政必自经界始》，叶圣陶先生认为，这样的题目，即使做不好，也不必惭愧，因为它离我们的生活太遥远了。

我们许多父母，也喜欢给孩子布置一些古怪刁钻的作文题目，美其名曰是训练孩子做不同的练习，增加各种经验，其实是妨碍了学生的创造性与主动性，妨碍了孩子的天真烂漫。

好的写作，应该回归生活，用心记录生活，用心表达情感和思想。

写作，是为了生活；生活，不是为了写作。写作是用来生活和交流交往的，如果能写一手辞藻华丽的文章，却无法与人沟通，无法写出抒情寄意的书信，那样的写作其实并不成功。

网友感悟

窗边的豆蔓：文心自从生活始，无情无义无法裁。处处学问勤学乐，偷师大化拜中来。

IceRock：一个没有独立思考能力的孩子会写出有独特视角、富有个性的文章？该放手时需放手！

童喜喜：写得精彩必须活得精彩。

神通广大：家长的好意成了孩子成长的绊脚石，是因为教育是一门科学，不是你想怎样就可以怎样的。教育更是一门艺术，有时候一句话会点亮孩子勇往直前的火苗。

丰富儿童的生活经验

生活经验充实，理解与创造起来绝不会粗浅，即使不讲什么方法。生活经验欠充实，理解与创造起来绝不会精深，即使讲尽了种种的方法。

好的作品人人可读，但是不能人人得到受用。那些得不到受用的人就吃亏在自己的生活经验太差，不够与好作品的作者做朋友。听听他的心声，从而使自己的生活经验更充实。

提起笔来人人可以写作品，但是不能人人写来像个样儿。那些写不像样儿的人就吃亏在自己的生活经验太差，好比一棵缺乏养料的草木，机能不旺，无论如何开不出茂美的花，结不出丰满的果来。（《谈学习文艺》，载《叶圣陶集》第9卷，第133页）

朱永新解读

这篇文字与叶圣陶先生1943年为《文学修养》撰写的那篇文章有异曲同工之妙，都是讲生活经验对于人的发展的意义。

叶圣陶认为，学习文艺主要有两件事情，即阅读与写作，但这两件事情都必须以生活经验作为底子。没有生活经验的人当然也可以阅读，但得到的只是最粗浅的东西，不能够理解其中的深奥之处、弦外之音；没有生活经验的人当然也可以写作，但是写出来的东西也味同嚼蜡，毫无意味，就像一颗缺乏营养滋润的草木，机能不旺，不可能开出美丽的花儿，结出丰硕的果儿。

父母要想丰富孩子的生活经验，就应该为孩子多创造一些机会，让孩子尝试新的东西，锻炼新的才能，体验新的经验。多一些游戏，多一些游历，多一些探索。

网友感悟

暖暖妈妈：尽可能为孩子提供丰富的课外生活。读书也不失为一种很好的选择！

童喜喜：生活是一切的源泉。

段波 on_ the_ way：生活是一个人思想的源泉，一个人能见到什么样的世界，他心里就会有一个什么样的世界。对于缺乏生活经验的儿童来说，如要告诉他一些事情，最重要的是应把要告诉他的事情包装成一种他可以接受的方式讲给他听，这其中最主要的元素就是逻辑，让事情听起来符合他生活的经验，如若不然会使接受者迷茫无措。

六弦琴韵：从现在开始学会放手，让孩子独自去承受成长道路上的风雨坎坷，去克服学习中的疑难杂症，我们只默默地站在他的身后注视即可，丰富他的生活经验和阅历，从而增强他的应变能力。

远水流：纸上得来终觉浅，绝知此事要躬行。

凤凰阿歇特：让孩子去体会生活中的各种“味道”吧，现在很多城市里的家长用自己的经验替代孩子的感知，把本是护航的职责变成护驾了。

作文和做人

品德教育重在实做，不在于能说会道。

譬如去年高考的作文题是《先天下之忧而忧，后天下之乐而乐》。

要是有一位考生写得头头是道，有理论，有发挥，准能得高分数。但是他离开考场，挤上公共汽车，就抢着靠窗坐下，明明有一位白发老太太提着菜筐挤在他的膝前，他只当没瞧见，你说这位考生的作文卷子该不该得高分数？依我说，莫说高分数，我一分也不给。他连给老太太让个座的起码的好习惯都没有养成，还有资格谈什么“先天下之忧而忧，后天下之乐而乐”吗？

也许有人说，你太认真了，那是作文，那是考试。对，是考试，在公共汽车上给不给老太太让座，才是真正的考试，他一分也得不到。

文当然是要作的，但是要紧的在乎做人。(《作文与做人》，载《叶圣陶集》第11卷，第346页)

朱永新解读

做人比作文更重要。“文当然是要作的，但是要紧的在乎做人”，可无论在家庭里，还是在学校中，经常会出现把作文放在做人之上的现象。“一俊遮百丑”，“只要分数高，管他品德好不好”，成为许多学校推荐学生的潜规则。

所以，一方面，在家庭和学校中，我们应该给孩子传授做人比作文更加重要的理念，另一方面，应该改变我们的评价方式，对于那些口是心非、言行不一的学生，在批评教育的同时，在操行评定上也要有所体现。

“铁肩担道义，妙手著文章”，这是李大钊先生的座右铭，也应该是我们教给孩子的人生指南。既能够作文，写一手好文章；又能够做人，有情怀有担当，是我们对孩子的期待。

网友感悟

往昔时光：立人先立品，妙手著文章。

王必康：先学做人，再谋成事。人之大道也。

作文最可贵的是真诚

教亦多术矣，运用在乎人，孰善孰寡效，贵能验诸身。
为教纵详密，亦仅一隅陈，贵能令三反，触处自引伸。
陶不求甚解，疏狂不可循。甚解岂难致？潜心会本文。
作者思有路，遵路识斯真。作者胸有境，入境始与亲。
一字未宜忽，语语悟其神，唯文通彼此，譬如梁与津。
学子由是进，智瞻德日新。文理亦畅晓，习焉术渐纯。
操觚令抒发，二事有可云，多方善诱导，厥绩将无伦。
一使需之切，能文意乃申，况复生今世，交流特纷纭。
一使乐其业，为文非苦辛，立诚最为贵，推敲宁厌频。
常谈贡同辈，见浅意殷勤。前途愿共勉，服务于新民。

（《语文教学二十韵》，载《叶圣陶诗词选注》，第 137 页）

朱永新解读

这是叶圣陶先生 1959 年 8 月应西南师院语文社之邀，为《语文》写的一首诗词。这首诗虽然是讲语文教学之诀窍，如认为，只有遵循作者的思路才能够真正理解他的本意；进入作者的意境才能够与作者亲近。其实也是在讲父母教育之道，讲阅读与写作的方法。如他特别强调对于文本的理解，主张对每个字都不要疏忽，每句话都要领会其精神，通过反复的研磨推敲；特别强调对于写作的内在需要，强调把写作为一件快乐的事情，而最重要的是“立其诚”，即真诚地写出自己的思想感情。

所以，在指导孩子阅读写作的时候，就应该尽可能让孩子走进文本的世界，“潜心会本文”，与作者进行深刻的对话。不要迷信社会上所谓的“快速阅读”，不求甚解。在指导孩子写作的时候，也要尽可能让孩子“乐其业”，快乐地写作，真实地记录自己的生活和思想。

网友感悟

祁县开心王：言为心声，阅读就是心与心的交流和沟通。有了文字和文章的储存，我们就可以与古今中外的作家谈心，了解别人的思想和见识，互通有无，取长补短，获取知识和智慧，濡养情感和毅力，做一个真正心明眼亮，知行合一，对社会有所贡献的人。

张非：好书读进去，生命活出来。

远水流：深耕与细读，常常会让人有意想不到的收获。

遵循法度与创造法度

作文而舍弃法度，全凭兴会或灵感，我怎敢说这是绝对不应该的。但是，假若自问不是特殊的天才，还是在这里那里顾到一点儿，审慎一点儿，这样做的时候，总不至于耗费了笔墨，徒然使自己不满意。因为所谓特殊的天才，他固然舍弃法度，而同时也创造法度。要是创造不出什么，一方面却又不屑一顾，哪有不成一团糟的？

画人物先习素描，学唱歌先练声音，往后的造诣如何高深伟大是无限量的；但是越过了在先的阶段，拿起画笔就瞎涂，拉直喉咙就乱喊，将会成就些什么呢？（《法度》，载《叶圣陶集》第9卷，第175页）

朱永新解读

这是叶圣陶先生以秉丞为笔名在《小说月报》上发表的一篇短文，告诉那些学习写小说的人：学有法而无定法。就像学习绘画、唱歌等一样，可以先从学习素描、练发声等开始学起，打好基础，以后的发展才不可限量。写文章也是如此，应有基本的章法。仅仅靠灵感兴会，是走不远的。所以，从一般规律来说，学习需要循序渐进，需要从遵循法度走向创造法度。

当然，一切都有例外。无论是绘画、唱歌，或者是写作，对于那些"天才"来说，打破一些常规，即使没有按照"法度"逐步前行，而是按照其兴趣信笔涂鸦，也未尝不可能。

问题在于：如何发现"天才"呢？

我们其实并没有发现"天才"的确定标准。那么，我们不妨对所有的孩子更加宽容一些，耐心一些，允许他们一开始不遵循法度，直接进入创造法度的阶段，让兴趣成为孩子最好的老师。当孩子真正爱上一种适合自己的创造体裁，灵感自然会喷涌而出。

亲爱的父母们，我们不妨把自己的孩子都视为特殊的天才儿童，热切期待，永远耐心，去更多了解自己的孩子，帮助孩子发现自己的天赋所在，鼓励孩子在自己的天空自由地翱翔。

网友感悟

yuancheng：任何事情都有它的规律，家长不可凭自己想当然行事。

窗边的豆蔓：问渠那得清如许，为有源头活水来。万物有基本，学习当从头。

筱筱2009：孩子读书已经两年八个月了，在这段时间里，我们阅读了大量的绘本，现在我感受到了书籍的魅力。每一天孩子一睁开眼睛，首先就拿起床边的书看，每一天晚上不读书不睡觉。虽然孩子才三岁八个月，但是她讲道理，语言组织能力强，善表达，我真欣慰我们坚持走过的岁月。

童喜喜：每个孩子都是独一无二的天生之才。

林薇老师：戴着镣铐跳舞，一样是艺术！需要给予这些孩子更大的信任和宽容！

任宪法：发现孩子的天赋，顺应孩子的天赋去培养、去教育的教育理念得到越来越多教育知名人士的认可和推崇。保护顺应孩子的天性可以大大激发孩子的想象力和创造力，帮助孩子未来成为有个性的创造性人才，启引孩子成为最想成为的自己。

凌云鸿影：现在父母总是能够发现孩子做得不够好的地方，而做得好的地方得不到鼓励，长此以往，孩子会觉得自己在父母的眼中是一个有问题的孩子，那样孩子就不可能成为天才了！

写最熟悉亲切的事物

我们希望你们写那些知道得最亲切的东西。一个人物，只在你们面前现了一现，你们不必写他，因为知道得不亲切。一件事情，只叫你们认识了十分之二三，你们不必写它，因为知道得不亲切。必须观察得非常周到，不但这个人物显露在外面的容貌，就是他隐藏在内面的心情也大略有数，这才把他写下来。必须认识得非常清楚，不但这件事情的经过情形，就是它的前因后果也完全明白，这才把它写下来。这样写的时候，没有勉强，不用含糊，好像泉水那样自然地活泼地流着泻着，是

你们极大的愉快。(《写知道得最亲切的东西》，载《叶圣陶集》第9卷，第191页)

朱永新解读

许多父母经常把写作当做一门技艺，送孩子到各种各样的写作培训班去学习。写作固然是有方法和技术的，但是比方法和技术更加重要的，是生活。生活，才是写作的源头活水。写作中自然需要想象和创造，但这些必须基于生活。只有写自己熟悉的东西，才会亲切、自然、轻松、愉快。

学生经常会面临“命题作文”的困境，感到无话可说，这与缺乏生活体验有很大的关系。所以，一方面，要尽可能充实自己的生活，不能把自己关在狭小的教室和家庭里，应该丰富自己的阅历和经验；另外一方面，要尽可能写自己熟悉的人与事，即使命题作文与这些人和事没有直接的关系，也可以通过自己的解读，把它与自己熟悉的人与事巧妙地联系起来。

网友感悟

暖暖妈妈：生活是一本大百科全书！对没有社会阅历的孩子们来说，读适合他们的经典的图书，不失为积累生活经验的一种好的方法。

窗边的豆蔓：写就是让对生活的感受的溪水，缓缓流入心，缓缓步出笔。感悟生活，需要一双善于发现真善美的眼睛和一颗感恩的心。

祁县开心王：写作是更有条理、有秩序和有丰富体验、有创造性的生活是让生活艺术化的重要方式之一。生活是写作素材的生产基地，唯有来源于生活的写作才有可持续的生命力，才可以真正改善和提升生活品质，为自己和别人所认可、欢迎和接受！

橙黄橘绿时：我们要有意识地丰富孩子的生活，让孩子的童年有故事、有滋味。给孩子创造体验的环境和机会，和孩子一起到户外踏青、打球、爬山，到农村、田野、菜地、荷塘探趣，一起细心发现，用心探索，一起游戏、学习和劳动，感知各种人和事物。有了生活的积累，下笔时，不会再为没有素材而发愁。

童喜喜：我手写我心。

聂明智：关于写作，其实应是如何教会孩子去感受生活，就像诗人一样如何在生活中学会兴发感动；就像冰心在离开日本时被大海里的一只木屐感动，被“广场上那么多自行车车铃没被人偷”感动；金子美玲被夜里掉落的花感动，被一只死了的麻雀感动。

远水流：作文是很多孩子的一大困扰，他们常常觉得没什么可写，其实是生活经验还不够，多融入生活，多体验生活，积累经验，就可以掌握很好的写作素材。

练习与成功

练习与成功，实际上是划不清界限的。某年某月以前是联系的时期，某年某月以后是成功的时期，在任何作家的生活史里都难有这样地指说。不断地写作就是不断地练习，其间写作得到了家的一篇或是几篇就是成功的作品。所以在写作的当儿，成功与否尽可以不问，所要问的是，是否尽了可能的力量，是否运用了最能干最坚强的手腕。（《写作漫谈》，载《叶圣陶集》第9卷，第207页）

朱永新解读

写作只有在写作中培养。

叶圣陶先生认为，写作其实是没有多少捷径的，需要“训练一副熟悉的手腕”。要做到得心应手，就必须常常去做，规规矩矩去做，就像练习绘画先画木炭画，练习雕塑先雕一手一足一样。所以，从写信、写日记、写随笔开始，进行基本的练习非常重要。

总之，叶圣陶先生认为，写作是“行”的事情，不是“知”的事情。不断地练习，就是不断地走向成功。至于何时算成功了，并不重要，也没有一个绝对的标准。关键是任何时候，都能够尽心尽力，全力以赴，成功就是迟早的事情。

网友感悟

窗边的豆蔓：所谓“胸有成竹”是先要观察、揣摩、品味、欣赏。笔法、技巧、结构、布局……冰冻三尺非一日之寒，日渐精进。

橙黄橘绿时：丰富的情感、生活体验，是写作之源。但是，写作如同绘画，没有一定的绘画技能，再丰富的情感和表达愿望，也无法在画纸上表现出来，久而久之，失去表现的兴趣。孩子写作的能力、水平需要在“写作”中提升，在练习中培养。在练习中要注意循序渐进，难易适度，让孩子有写的成功感，感受到写的乐趣，如同童喜喜老师形容“书是粮食不是药”一样，让写作达到“做一顿生活美食”的境界。

童喜喜：勤学苦练，持之以恒。

玲儿宁静：平常心态，尽心尽力，持之以恒。不问成功，却水到渠成。

王胜德：练习和成功或许有质的区别，却都是量在积累过程中不同阶段的评价和表现。只要时刻努力，成功就在当下的此时此刻。

团体写作的乐趣

练习写作也可以用集会讨论的办法。某一个材料值不值得写，该怎样写，就可以讨论。或许有人说，这样不免使灵感渐渐消散，终于不再想提起笔来。可是也可以说，这样与人家讨论一番，那本来朦胧的意象渐渐具体化了，甚至血肉也充盈了，这正是动笔以前最需要的准备。写成之后，也可以拿出来共同讨论。作者说，我为什么要这样写。看过作品的朋友说，你在某处写得好，为什么好，你在某处有些儿毛病，为什么是毛病，若是我，就要怎样写。就在这当儿，大家写作的眼力提高了，手法也有进步了。还可以取同一个材料大家分头写，写成之后共同讨论彼此的用心。还可以共同写一个材料，商商量量，合作到底，真正实践“集体创作”的办法。

如果有这么一个团体，参加在里头，乐趣是无穷无尽的。同时，得益也将无穷无尽。（《文艺团体》，载《叶圣陶集》第12卷，第238页）

朱永新解读

这是叶圣陶先生1946年4月14日为《文艺青年》撰写的一篇文章。

当时，许多年轻人向叶圣陶先生请教阅读与写作的问题。这篇文章可以看作是他对那些文艺青年的集体回答。其实，叶圣陶先生认为，阅读写作只是一种生活方式，因为这不是知识方面的问题，而是实践，是习惯。“如果不读什么，不写什么，先来讨论怎样读怎样写，似乎要把怎样读怎样写讨论出了个究竟，然后读然后写，那只怕是徒乱心意，没有多大用处”。

但团队学习确实是一个行之有效的方法。以读书为例，在个人独读的时候，往往是“见到了这一点，未必见到那一点”，难免挂一漏万。但是大家一起读，交换彼此的见解，就可以辩论、补充、交锋，“就在这当儿，大家读书的眼力加强了，从书中得到的益处增多了”。

读书是如此，写作也是如此。在写作前讨论，可以使朦胧的意象清晰起来，枯萎的血肉充盈起来。作品初步完成以后，大家可以讨论批评。他特别提出了我们现在称之为“同题异构”的写作方法，即“取同一个材料大家分头写，写成以后共同讨论”，这样，大家的眼力就会提高，手法就会进步。团队学习不仅能够提高学习的效率，而且能够增加学习的乐趣，这是个体学习所无法替代的。

这里，叶圣陶先生已经涉及到我们今天所谓的“团队学习”与“学习共同体”问题了。无疑，在我们指导孩子读书写作时，也要尽可能让他们有好的伙伴，享受与大家共同阅读、写作的乐趣。

网友感悟

鹰城十年：先讨论，再写下来。真的是个好办法！一方面，讨论拓宽了孩子的眼界；另一方面，写作又是独立思考的过程。

orazhang：那看来亲子阅读就是最小规模的团队学习形式了，呵呵。与孩子交换自己的阅读心得，双方都会有收获的。

童喜喜：合作探究，共同进步。

金盏花儿：共读共写，共同进步。

林俊：头脑的风暴，思维的交流，灵感的碰撞，团队的学习，成就写作的成功！

远水流：想起邱老师给我们上课，也是大家共同学习讨论，还把每个人的论文给大家看，讨论优缺点。这一方法虽然繁琐，要做的功课很多，但大家都表示还是很受用的。

习作就是练习思想

思想不能空无依傍，思想依傍语言。思想是脑子里在说话——说那不出声的话，如果说出来，就是语言，如果写出来，就是文字。朦胧的思想是零零碎碎不成片段的语言，清明的思想是有条有理组织完整的语言。（《谈文章的修改》，载《叶圣陶集》第 15 卷，第 118 页）

朱永新解读

思想、语言、文字，其实是同一件事情的三种形式。我曾经说过，写作，是思考的真正开始。因为，思考是需要语言作为工具的，在大脑中运行着的思维，通过嘴巴讲出来，就是语言；通过手把它写下来，就是文字。

所以新教育实验中，无论是师生共写随笔，还是读写绘项目强调学生的口头表达与绘画语言，或者是真正意义的教育叙事，都具有训练教师与学生的思维的作用。

亲爱的父母们，要记住：写作，不仅是训练思维的有效途径，也是帮助孩子拥有一个美好人生的重要路径。因为，要写得精彩，更要活得精彩，做得精彩。只有活得精彩，做得精彩，才能够写得更加精彩。

网友感悟

祁县开心王：人是会思考的动物，思考帮助人们创建更好的生活条件和生活品质。语言和文字是思考的工具，思维的发展对语言和文字运用是有内在要求的，随着思维与生活实践的密切联系，生活实践既丰富了思维的内容也促进了思维方式的发展变化，语言文字也就有了新的表现内容、表现方式。人在熟练掌握和运用这些语言和文字的时候，思维得到充分准确完整的表达，人对自己生活主动权的把握也就日益独立自主和自如自由起来了。说话和作文都是思维的有效练习。会说话和会写作的人总是会更容易地实现自己想要达成的目标的，不是吗？

紫灵晨曦：一个思想，一个语言，一个文字。思想比语言要丰富，语言比文字要丰富，但最终流传下来还要靠文字，文字是载体。

南京市燕子矶中学：语言是思想的外壳，有经历体验体会，有观察比较思考，才能有好的语言和文字。

阅读是写作的基础

有些人把阅读和写作看做不甚相干的两回事，而且特别着重写作，总是说学生的写作能力不行，好像语文程度就只看写作程度似的。阅读的基本训练不行，写作能力是不会提高的。常常有人要求出版社出版“怎样作文”之类的书，好像有了这类书，依据这类书指导作文，写作教学就好办了。实际上写作基于阅读。（《阅读是写作的基础》，载《叶圣陶集》第 15 卷，第 180 页）

朱永新解读

说生活是写作的源头活水，其实也包括了阅读。因为孩子们的生活总是有限的，不可能事事去实践，去体验，去探索。这时，阅读是生活的扩展，或者说，是另外一种生活。孩子们的更多生活经验是间接经验，是来自于阅读。

当然，对于学生来说，阅读不仅是生活，也是学习本身。阅读不仅给学生以许多阅历与经验，也教给他们语言表达与修辞方式。在阅读的浸淫下，学生不知不觉就亲近了写作、喜爱了写作并学会了写作，正如过去常说的，“熟读唐诗三百首，不会做诗也会吟”。

亲爱的父母们，与其给孩子买许多作文指导书，不如让他们读那些伟大的著作，与那些伟大的灵魂对话。让孩子们的心灵被那些美妙丰沛的生活充满，就像一块肥沃的土地，会自然结出优美的作文之果。

网友感悟

窗边的豆蔓：不要拿别人的作文来当作自己写作的基石，那是你无法复制的感受和生活。只有在阅读中积累起真正属于自己的砖才有可能建成具有你自己风格的楼。

祁县开心王：我总感觉阅读是输入、吸收知识和精神养分的过程，写作是输出、表述和传达自己心理活动和思考成果的过程。就像是种子吸收了土壤、空气、阳光和水的滋养之后的膨胀、萌动、出芽、成长、开花、授粉和结出甜美的果实一样，知识和精神的营养成分吸收储存到一定程度的时候，自然就会产生表达和交流的想法和愿望。这时候阅读过程中所接触的文字、语法和修辞所构成的思想表达方式就发挥了媒体和媒介的作用，写作也就自然而然、应运而生、水到渠成地发生发展开来，所形诸于文字的东西就是我们正在阅读和享受的真诚、真心、真情的心情文章了……

童喜喜：阅读是最简单高效的学习办法。

彩云：多读名著，受益匪浅！孩子的心灵在名著的沃土中扎根，自然会开出灿烂的花朵。

戴琼：阅读锻炼理解他人、了解自身的能力，写作是一种表达自己的能力。是坦率犀利、是委婉幽默、是睿智优雅，尽在你的字里行间。

wbijing_ 2001：世界如此广阔，每个人穷其一生可能也无法事事亲历，所以阅读是我们了解世界、认识世界的好办法。

文学是从生活流淌出来的

文学是从生活的源头上流出来的江河溪沟，不是与生活离立的像人工凿成的池子似的东西。一个人生活充实，表现出来有种种方式，道德、学问、事功都是，而文学是其中之一。生活在先，文学在后。生活充实的人不一定要弄文学，不弄文学的人却也一定要求生活充实，如果单说文学修养该怎么怎么，就等于说为文学而求生活充实，这显然有些本末倒置。(《关于谈文学修养》，载《叶圣陶集》第 9 卷，第 120 页)

朱永新解读

这是 1943 年叶圣陶先生为《文学修养》杂志撰写的一篇文章的片段。叶圣陶先生认为，作家的人生观、世界观对于他们的创作具有重要的影响。但人生观、世界观不是刻意表现出来的，而是在他们的“一言一笑一思一感之间”。文学是一个浑然的整体，就像一股活水，“时时流动，时时进展，却分不开这一部分与那一部分”。真正的文学，是从生活里流淌出来的。

亲爱的父母们，孩子是否成为文学家并不重要，重要的是让他们的生活真正地充实起来，经验才是人生最大的财富。有了丰富的生活经验，有了丰富的人生体验，孩子一定能够走得更远。一旦真正拥有这些，写作对于孩子而言，只是以笔代口地说话而已。

网友感悟

暖暖妈妈：文学即生活。生活经验丰富，文笔自会流畅起来。

窗边的豆蔓：文学来源于生活又高于生活！

祁县开心王：新教育一直强调当下的生命体验，也就是强调生活的根本性。文学是生活的艺术反映，是生活绽放的花朵，是生活的文学体现。只有来源于生活的文学才有源头活水，才有丰富充实的生活内容，也才会真正被人们接纳和喜爱。

飞天雪梨：文学感染人的灵魂，也滋润了生活！

童喜喜：文学是人学。

窗边的豆蔓：生活是最好的宣纸，在这样的底色上书写精彩的一撇一捺。

作文是生活的一部分

作文不该看作一件特殊的事情，犹如说话，本来不是一件特殊的事情。作文又不该看作一件呆板的事情，犹如泉流，或长或短，或曲或直，自然各异其致。我们要把生活与作文结合起来，多多练习，作自己要作的题目。久而久之，将会觉得作文是生活的一部分，是一种发展，是一种享受，而无所谓练习：这就与文字产生的自然程序完全一致了。（《作自己要作的题目》，载《叶圣陶集》第15卷，第58页）

朱永新解读

这是1930年叶圣陶先生为《中学生》杂志的创刊号所写的文章。针对许多中学生感到写作文很困难、无话可说的情况，叶圣陶先生告诉他们，其实写作文并不难。只要有心，到处是文章的题目和来源：听课有新的意想和发现，运动和游戏有新的感受和见闻，读书有新的感动和收获，校内的各种集会，校外的各种考察，应该是说不尽道不完的。如叶先生所说："只要你随时反省，就觉得自己胸中绝不是空空洞洞的；随时有一些意思情感在里头流衍着，而且起种种波澜。"

这一切，如果不去及时把握，它们就会烟消云散，了无痕迹；如果随时记录下来，虽然不一定是不朽之作，但是，因为是自己所想所感，在个人的生活史上一定会具有很大的价值。亲爱的父母们，一定要告诉孩子，不要把写作看成是负担，那就会像挤牙膏一般难受，而要把写作看作是享受，看作是生活的一部分，那样才会得到一吐为快、挥洒自如的感受。

网友感悟

窗边的豆蔓：言为心声，文为心意。没有丰富多彩的生活，没有一颗感动的心，没有充盈或者沉痛，没有愉悦或者悲哀，没有生的一声啼哭，没有死的最后一口气的安然，如何写出那第一句的第一个字？

童喜喜：作文就是用文字说话。

蒙蒙：写作是自己与自己的心灵对话。与文字相伴的日子充实而富有诗意，美好而充满希望。

默林轩：写作很重要，是一种内心平静时酣畅淋漓的自我宣泄和激励。

窗边的豆蔓：写，享受生活带给我们的每一天的精彩和平淡。

南柯维奇：写文字，需要感觉、感悟、感应、感受、感激、感慨、似母牛产奶需要孕期，像美酒产生需要酝酿，如女人产子需要孕育。

第五章

享受学习的快乐

学习本来应该是一件快乐的事情。探索以后的发现，艰苦以后的惊喜，孩子的学习过程与科学家的发现过程一样，应该充满着智慧的挑战与愉悦。

但是，我们的教育更多是把孩子作为一个知识的容器，不停地朝里面灌注；把学习的过程变成重复的机械练习，变成既成知识的搬运。

这样的教育，完全违反了孩子的学习规律，这样的“学习”是在折磨孩子，摧残孩子。

好的教育，应该是让孩子享受学习的过程，应该充满着发现的惊喜和快乐。只有不断地学习，才能够不断地成长。学生如此，教师是如此，父母也是如此。

享受学习的快乐

有一天，学生离开了学校，离开了老师的讲解，不得不开始用自己的心与力，跟当前的事物打交道。当发现树叶怎样发芽，果实怎样长成的时候，他们惊奇着造化的神妙，感到莫大的快慰。当悟出某一种自然势力怎样推移，某一项历史事物怎样演变的时候，他们欣赏着自己的成功，怀有与自来的物理学家、史学家同等的骄傲。尤其做专门研究，作实际事物，起初茫无头绪，暗中摸索，忽然望见一线光明在前面闪耀的时候，他们那欢喜与满足宛如见了宇宙全部的奥秘，不禁要跳起来喊道："从今以后，可以安身立命了！"但是他们的记忆力如果不太坏，总有时候会想起学生时代的种种；只要一想起，他们便会爽然若失。原来他们的快慰、骄傲、欢喜和满足，本该在学生时代早就享受的，现在却拖延到了多少年后才享受，还值得高兴吗？只有自认倒楣的份儿罢了。（《变相的语文教学》，载《叶圣陶集》第11卷，第127页）

朱永新解读

学习本来应该是一件快乐的事情。探索以后的发现，艰苦以后的惊喜，孩子的学习过程与科学家的发现过程一样，应该充满着智慧的挑战与愉悦。

但是，我们的教育往往不是如此。我们的教育更多是把孩子作为一个知识的容器，不停地朝里面灌注；把学习的过程变成重复的机械练习，变成既成知识的搬运，从成人的头脑搬到孩子的头脑里、从教科书上搬到孩子的作业本上。这样的教育，完全违反了孩子的学习规律，这样的"学习"是在折磨孩子，摧残孩子。

好的教育，应该是让孩子享受学习的过程，应该充满着发现的惊喜和快乐。教育好不好，问问孩子的感受，看看孩子的表情，可以一目了然。

网友感悟

看看自己：如何才能使孩子们在快乐中学习，学习中又快乐才是教育改革的目的。

童喜喜：我们需要过一种幸福完整的教育生活。

窗边的豆蔓：让孩子早一点儿看到花开，听到鸟叫，知道草怎么发芽，树怎么结果……

金色风铃：我们改变以往注重知识传授的语文课堂，把课堂变成和孩子们一起探究生命成长的旅程，把课堂变成和孩子们一起感受文化浸润的乐园，孩子们的脸上不会向你吝啬灿烂和幸福的！

善待人生：一个人的素质是多元的，生活是丰富多彩的。校园"阉割"了孩子们的素质和生活，把孩子们强塞进严肃的单纯追求成绩的"暗箱"，像训练兽类一般，把所有的孩子压进"学习集中营"。枉顾孩子们作为一个活生生的人，在他尊、自尊、成就感、情感慰藉等方面的需求，削去孩子们多样的个性，用"识记背默"塞满孩子们校园生活的每个角落。时刻处于紧张"工作"中的孩子们，无力反抗"巨人们"安排的日程，唯有盼望周末，在背离老师之时，聊天发泄对校园生活的反感。此时，家庭不宜堵，可考虑为孩子创设丰富的生活，帮孩子们回到生活，发现生活的美好！

学习不可以速成

过于心急的学习实在并不是学习。“百日通”“速成科”只能欺骗热切的希望，绝不能从这些上得到真实的益处。纷纷购读《日语百日通》的人到一百天之后一定失望，他们那说不出口来的动机还是没法安顿。即使动机绝对纯正，然而距离“知己知彼”也还很远很远。我们不妨再说一遍：语言文字不只是一种知识；必须随时学习，随时应用，渐渐成为生活中的习惯，才真能够“通”。（《“百日通”》，载《叶圣陶集》第12卷，第78页）

朱永新解读

在叶圣陶先生的时代，就有所谓的《英语百日通》《日语百日通》这样的畅销书，迎合了许多人希望用最少的时间和精力去学会一种并不简单的语言文字的急功近利的心理。其实，“这个希望是永远不会实现的”。

不仅是外语，其他学习一般也不可能速成。叶圣陶先生还举了写作的例子。他说，许多人想了解文学有没有什么捷径，什么“扼要的方法”，因为只要记住一些口诀就可以写出好文章，也是骗人的把戏，如果让真正的文学家精细地剖析自己，也“未必就说得出什么是自己成为文学家的秘诀，因为他根本就没有秘诀，他的文学作品只是种种生活经验的乘积”。如果不在生活经验上下功夫，不可能跟文学真正有缘。

亲爱的父母们，放弃各种幻想吧，让孩子老老实实下功夫，老老实实做学问，才是学习的根本之道。

网友感悟

mynisky2a：渴望速成其实就是偷懒，放弃不纯正的动机，一点点积累，才能得到真经。

窗边的豆蔓：揠苗助长百日通，世事根本已虚空。循序渐进方为道，学到老时智慧成。

爱的天使王杰：润物细无声的学习才会渗透到生活中，才会成为我们的习惯！学习是要天天进行的，无论是技术的学习还是提升能力的学习，这样才会提高我们的修养，才会让我们生活得很幸福！

祁县开心王：学习应该自主，自由，专注，从容！不要急于求成，而要细嚼慢咽，充分消化吸收，这样有益于身心健康！

笑笑：学习是日积月累的过程，让孩子老老实实下功夫，老老实实做学问，才是学习的根本之道。

童喜喜：老实才是捷径。

远水流：语言文字不只是一种知识，必须随时学习，随时应用，渐渐成为生活中的习惯，才真能够“通”。

maria：叶前辈传的道好，下真功夫才能有真知。女儿打球急于速成，输球就发脾气，我告诉她，必须经过1000次失败才可以进步，我也是这样一步步过来的，她说能否少一些，我说那得依据你的努力程度，不过我会陪着你。现在她接受了失败是成长要经历的一种痛，并乐于挑战自己了，当然还会有情绪起伏，毕竟是个小孩子。

天道酬勤：急于求成、急功近利的做法会耽误孩子的前程，唯有以顺其自然、把握平常心的心态去面对。

学习不是为了记诵

要知道现代的学习绝不是记诵之学所能了事。记诵之学，好一些可以造就门门都是甲等的“优等生”，坏一些就造就品德有亏的“作弊专家”，可是绝不能造就生活充实的国民；而现在这个时期，正在开始建国大业，需要生活充实的国民比任何时候都迫切。从事教育的人如果没有这一点认识，一切劳力都是白费。

受教育的学生也该认识这一点，记诵不过是开端，跟着就得把记诵的那些东西融化在生活里，成为精神上的血肉。否则，成绩虽好，只是分数单上好看，于自己并无实益；成绩不好，勉强要他好，至于运用作弊技巧，更是极度的自暴自弃。(《“学习”不只是“记诵”》，载《叶圣陶集》第 12 卷，第 183 页，江苏教育出版社，2004 年版)

朱永新解读

这是叶圣陶先生 1943 年写的文章，写作的背景是当时考试作弊成风。叶圣陶先生说，其实有学校，就有作弊，自古如此。作弊虽然与学生有关，是学生投机取巧的心态在作怪，但“这不是学生自己的不是，乃是历来整个教育方法所造成的结果”。如果我们的考试题目，就是让学生简单记诵一些死的知识，学生当然只好去死记硬背，或者干脆作弊偷看。

叶圣陶先生几十年前的文章仍然没有过时。“上课记笔记，考试背笔记，考后全忘记”仍然是我们许多学校的现状。所以，仍然需要大声疾呼改革我们的教学方法。

但是，作为父母，我们更重要的是帮助孩子真正认识到：学习的意义是把知识用到我们的生活中去，而不是简单装进我们的脑袋里。家中衣柜里的衣服再多，如果不穿，或者想穿时无法找到，都是没有意义的。

网友感悟

窗边的豆蔓：学而不思则罔，思而不学则殆。学习始终应该是用来指导我们的生活的，让我们懂得敬畏生命，尊重生命，珍惜生命，从而真正作为衡量万物的尺度来让这个世界更加美丽祥和。

馨尽浅笑：机械的记到脑子里的东西只能是“死”的东西，所以我们要让孩子学的东西“活”起来，一切都是为了孩子的成长，让孩子更快更好的学会生活、适应社会，这才是学习的最终目的。如果只是简单的记诵一些东西，不会应用，那么这种学习是没有意义的。

albert 督督：对待孩子，不能灌输，而是要激发其学习兴趣，然后帮助孩子把学到的知识运用到生活中去，而不是放在脑袋里。

张建：想起怀特海所说：“抛开了教科书和听课笔记，忘记了为考试背的细节，剩下的东西才有价值。”

学习是一辈子的事

“教是为了达到不需要教”。我觉得这样表达比较明白。是不是不教了，学生就学成了呢？非也。不教是因为学生能够自己学习了，不再需要老师教了。不要说小学毕业就学完了，中学毕业也没有学完，大学毕业考上了研究生，也不能算毕业。世界上的事情是学不完的，无论是谁，都要学习一辈子。咱们当教师的要引导他们，使他们能够自己学，自己学一辈子，一直学到老。世界的变化快得没法说。我们讲中国历史，唐朝宋朝有变化，明朝清朝有变化，清末到现在这一百年间，变化之快，跟以前相比恐怕难以用数字来说明。再看全世界，战后这三十多年的变化多么大，近几年的变化多么大！一个人到某一阶段也非变不可，如果到此为止，停步不前，就是落后——不进则退。达到不需要教，就是要教给学生自己学习的本领，让他们自己学习一辈子。（《教育杂谈》，载《叶圣陶集》第11卷，第356页）

朱永新解读

这是叶圣陶先生1983年8月6日在民进的老师们来京参加的教师茶话会上的部分讲话内容。当时，叶老耳朵已经不太好，但是做过10年教师，又担任着民进中央副主席（次年，接替周建人老师担任主席）的他，对教师有着特殊的感情，还是坚持与老师们见面，并且讲了一番语重心长的话。

叶圣陶先生对民进的老师们寄予厚望，希望他们能够成为学而不倦的模范，教给学生自己学习的本领。

我想，教是为了不教也好，学习是一辈子的事情也罢，都不仅仅是针对教师的，也是针对孩子们和父母们的。只有不断地学习，才能够不断地成长，学生如此，教师是如此，父母也是如此。所以，要想让孩子不断进步、不断成长，父母本身也需要同样的努力。

枯坐听讲要不得

幼稚园时期不算，一个学生从小学到大学毕业要多少年？小学六年，中学六年，大学四年，一共一十六年，不是个短时期啊！就算活到八十岁，一十六年就占去了五分之一。而这一十六年得消磨在坐在教室里的椅子上听教师讲说上！疲惫，厌倦，疲惫，厌倦，像两道纠缠无已的绳索，紧紧捆住学生的身心。人家往往夸说受教育是一种高贵的权利，但是，站在学生的地位，替学生设身处地想一想，就觉得受教育是一种刑罚。这种刑罚是没法补偿的，一十六年的疲惫与厌倦给予身心的影响将永远是人生的缺陷。

奇怪的是大家一直没有觉察，仿佛这其间一点儿没有问题似的，教育就是这样，这样才是教育……

坐在那儿听讲，不但不要肢体肌肉活动，而且不要精神心思自由活动，让精神思想被动地跟着教师的讲说活动。可是知能的长进得在相反的情形之下才多希望，就是说，精神心思越能自由活动，知能就越有长进，而且在许多方面，必须肢体肌肉与精神心思一致活动，才是真正的长进。唯其活动不息，疲惫与厌倦无从进袭，生活才得见活泼泼地。现在把自由活动的门关了起来，招来了疲惫与厌倦，长进固然不能说绝对没有，但是有限得很。一十六年的时光就此耽误了，没有活泼泼地生活过来，岂不是追不回来的损失。习惯成自然，往后的年月也很不能够自由活动了，或者心意上很想努力奋发，可是实践上受习惯的牵制，终于自由活动不来了。这岂不是一误误到底，成了终身的缺陷？（《枯坐听讲》，载《叶圣陶集》第 11 卷，第 195—196 页）

朱永新解读

前不久在河南做讲座，一个上午，整整四个小时。结束时，主持人很感动，说大家很不容易。我插话说，真正不容易的是孩子们，他们一坐就是十几年，天天如此啊！

所以，当我读到叶圣陶先生的这段文字时，真是心有戚戚也。

叶圣陶先生认为，现代学校的毛病很多，其中最容易被大家忽视的问题，就是让学生枯坐在教室里的座位上听老师讲课。所谓“枯坐听讲”就是不动脑筋，不动筋骨，既没有心智的活动，也没有肢体的运动。这样的教学，无疑是让学生产生厌倦与疲劳的主要原因。

学习本身就是生活，而非生活的准备。避免枯坐听讲的办法，就是在学习的过程中，不光让学生坐在那里听，而是“肢体肌肉与精神心思一致地参加在里头自由活动，主动而不被动”。

其实，现代教学改革的一个重要趋势，就是把学生从枯坐听讲中解放出来，精讲多练，让学生成为学习的主体。叶圣陶先生的论述，完全符合这一趋势。

父母亲也应该从叶圣陶先生的这段文字中得到启发。要鼓励孩子不要循规蹈矩，消极接受知识，而要积极主动地努力探索。在课堂上，不要在正襟危坐中昏昏欲睡，而要开动脑筋，积极思维。

网友感悟

童喜喜：开动脑筋，主动学习。

愚人：让孩子学得快乐，是老师和家长的责任。

ACTS 张勇：喜爱、好奇、占有欲（对知识和信息及方法），才是学习的动力之源。

真诚星空：说得好，最好的方法是给学生一个激发创造力的点，让其发挥想象力。避免说教！而且要结合时代热点，避免封闭式灌输。只谈考试，学生情商也会变得很低！心灵容易缺失，枯乏。

善待人生：在改革未铺开之前，父母宜于在学校生活之余，在孩子放学后或假期在家时，以孩子喜欢的方式，带领孩子运动，或跑步或滑旱冰或打球（羽毛球、乒乓球、篮球、足球等），让孩子每天都有一定的运动时间，加速血液循环，保证在家不“枯坐”，最大限度地减少“枯坐”对身体素质产生的不良影响，为第二天的“枯坐”做体格上的准备。

不为考试而学习

不要说“为考试而学习”是个怪口号，只怕已经有不少的学生和家长真的相信学习的目的就在于考得好，得到多量的分数了。再加上名目繁多的考试，更使人加强这种信念。这么多的考试关，非一个一个通过它不可啊！努力吧，为考试为分数而使劲学习吧！这种情形，就教育的道理着想，是不能令人乐观的。

考得好，分数多，固然是学习得好的证明，可是绝不该把考试认作学习的目的。如果把考试认作学习的目的，会有怎样的后果呢？我想，那就会在学生心头形成压迫之感，好像欠了还不清的债，总不得轻松舒坦，这是一。（我希望心理学者研究并测验，这种压迫之感对学生的学习是否有损害？如果有，有多大？）其次，可能使学生把所学的东西看做敲门砖。假如真看做敲门砖，那么不管门敲得开敲不开，手里的砖总是要丢掉的。第三，可能有极少数的学生存着顺利过关的想头，采取些不正当的手段来应付考试。那更是有关品德的问题了。

所以我老在心头祝愿，学校和老师期望学生全都学习得好，这种期望是非常值得铭感的，但是千万不可拿考试和分数来做鼓励学习的手段。鼓励学习，无须外求，就在指导学习之中使学生受到鼓励，可能最有实效。循循善诱，教学相长，学生如沐春风，如入胜境，自然乐于学习，勤于学习。思考问题，试做实验，教师只给简要的提示，学生须作艰辛的努力才得解决；当解决的时候，学生的欢快好比爬上了峨嵋的金顶，正是继续努力的推动力。我料想，这样的佳况在好些学校里已经实现；而在不远的将来，由于全体教育工作者的勤勉，将会普遍实现。（《晴窗随笔　再谈考试》，载《叶圣陶集》第 11 卷，第 283—284 页）

朱永新解读

这是叶圣陶先生 1980 年 1 月 27 日写下的文字。30 多年过去了，为考试而学习，为考试而教育的情况非但没有消失，反而有过之而无不及。

叶圣陶先生分析了为考试而学习的三大弊端：第一，使学生形成强大的心理压力。“好像欠了还不清的债，总不得轻松舒坦”。所以，他希望心理学家们好好做一些实证研究，看看到底应试教育给学生们造成了多大的心灵伤害。第二，使学生把学习作为敲门砖。学习本来是增进知识，陶冶情感，形成技能的重要路径，但是，为了考试的分数，成为学习的唯一目的了，学习也就发生了异化。第三，使学生的品德发生偏差。为了好的分数，可以不择手段，甚至不惜作弊抄袭。

所以，叶圣陶先生希望，不要把考试和分数作为教育的目标，应该鼓励老师和学生关注学习的内在过程，关注学生的内心体验，“鼓励学习，无须外求，就在指导学习之中使学生受到鼓励，可能最有实效”。

其实，好的教育是不畏惧分数的。把分数作为教育的额外奖赏而不是教育本身的目标，是新教育人的理想。尊重教育的内在规律，让学生学得更加主动积极，就可以实现这个理想。

淡化分数而不放弃分数，是每个父母应有的态度。

网友感悟

童喜喜：把高分视为额外的奖赏。

卢志文：应试教育，把学习当“敲门砖”——其悲哀在于：无论是否敲得开门，敲门砖总归是要扔掉的。叶老分析得透！

ACTS 张勇：现在的考试分数，只能反应认知目标（即知识教育目标）中最低级的目标，现存的考试技术无法反映出认知目标中的中高级目标，更无法反应学生的素养和能力结构及水平。而根据国家教育改革和发展纲要，学习有：认知、应用、探究三大目标体系。但现有考试技术很不给力，无法实现用分数反映出这三大目的体系。

李伦美：孩子健康的身心，良好的品质，创新的能力才是父母最大的财富，才是国家未来的希望。分数永远是排在第四位的，可惜现在却偏偏最重要，其他的次要，甚至不要，久而久之人种慢慢退化。如何纠正，国家应该真正重视起来。这不仅是为家，而且是为民族、国家的未来，所以我们应该真正转变观念，践行实践。

领亲教育：以考试分数升学为导向的教育，就是应试教育；以素质的全面、个性、可持续发展为导向的教育，就是素质教育。“有心栽花花不开，无心插柳柳成荫”是教育的一种境界。为分而教育，最后高考反而考不好；为“健康、人格、品德、智力、能力”而教育，最后高考定能考出好成绩！家长，你们信不信，反正我信了！

学习必须为己

孔子说：“古之学者为己，今之学者为人。”为己，就是说所学都归自己受用，生活从而丰富美满。为人，就是说所学跟生活不发生关系，学如未学，徒然说些空话，摆个空架子，使人家误认他已经学了。孔子这个话，慨叹他当时的学者学而不得其道。学如未学，又何必学，诚然可以慨叹。咱们从此应该相信，事不论古今，学必须“为己”才行。

咱们认定了“为己”这个标的，然后去学习各种功课，情形就大不相同。咱们将不再以为做功课仅是“读书”，只须记得牢，背得出，答得出老师的考题，取得到及格的分数。书固然要读，可是印在书本上的不过是各种道理跟做法的记录，最要紧的一步还是把这些道理跟做法化为咱们的知跟能。说到“化为”，光是“读”绝不济事，必须随时随地使各种功课跟咱们的思想行为打成一片才成；打成一片是咱们自己的受用，咱们不但要知道必须如此，而且要乐于做到如此。“知之者不如好之者，好之者不如乐之者。”到了“乐之”的阶段，凡是所学的东西还有不是“为己”的吗？（《为己》，载《叶圣陶集》第12卷，第174—175页）

朱永新解读

怎么检验学习是为自己还是为别人？

其实，关键是看学习能否学以致用。为别人的学习，是记忆之学、考试之学。学习就是为了考试，为了一个好的分数，我们说的“上课记笔记，考试背笔记，考后全忘记”就是为别人的学习。为自己的学习，则不是要求能够“记得牢，背得出，答得出老师的考题，取得到及格的分数”，而是真正地把所学习的东西化为自己的东西，化为自己的知识与能力，化为自己的行动，“使各门功课跟咱们的思想行为打成一片”。分数，不应该是学习的目的，而只是学习的副产品，是学习的额外奖赏。

衡量学习是为自己还是为别人，还有一个重要的标准，那就是看学习者在学习过程中是否快乐，是否兴趣盎然。“知之者不如好之者，好之者不如乐之者”。叶圣陶先生认为，一个人如果到了“乐之”的阶段，学习一定是有所成效了，一定是把所学的东西化为自己的东西了。

在指导孩子学习的时候，我们应该用叶圣陶先生的两个标准去帮助、引导孩子，不要急功近利，简单为考试而学，而是努力践行、快乐学习。

网友感悟

童喜喜：快乐学习，幸福成长。

金盏花儿：好学乐学，学为己用，学以致用。

向日葵：事不论古今，学必须‘为己’才行，人们只有认识到“学”的东西是自己兴趣所在，就会快乐，兴趣盎然，真正领悟了，无论是在教育孩子还是在工作生活中，都会受益。

善待人生：我常提醒孩子和我的朋友们，经过数次改革，现在的教材已经非常“素质教育”了，无论是语文、政治、英语，在单元开始、章节内容或者练习中，常有为人处世的道理宣讲或者励志小品文。若在学习时，注重先理解内化再强记硬背，就可以在“应试”的同时获得素质的提升。这增加了学习的意义，培养了学习兴趣，让学习变得“对己有用”。

艺术教育要让学生有兴趣

艺术是多么有趣的事儿，可是学生往往不发生兴味，图画只是乱涂一阵，音乐只是乱喊一阵，这个学期如此，下个学期也如此，直到毕业，还离不了乱涂乱喊的阶段。如果担任教师对艺术学科的教育价值和教学方法明白一点，熟练一点，该不至于这样。

普通学校设艺术学科，目的当然不在于使学生成为画家、音乐家。教学生学习图画，在于使他们精密地观察物象，辨认形象的美与丑，和谐和凌乱，并且能够把所见所感的约略地记录下来。教学生学习音乐，在于使他们能用声音表达出感情和意志，尤其当合奏合唱的时候，个体融合在群体之中，可以收到人格扩大的效果。这些看法似乎不怎么重要，其实非常重要，好像没有什么实益，其实有广大的实益。如果学生既能了解又能实践，就个人说，就将终身受用不尽，就社会说，就是进入美善的一个重要因素，这是最浅近的常识，主持教育的人不应该不知道。而现状却是大多数人看轻艺术学科，认为可有可无，我不能不抗议。（《改革艺术教育》，载《叶圣陶集》第11卷，第181—182页）

朱永新解读

这是1945年2月26日叶圣陶先生写下的文字。近70年过去了，问题仍旧。

艺术教育，在许多父母的眼里，就是为了考试的加分，就是为了成名成家出人头地。在许多学校，艺术教育要么形同虚设，偷工减料；要么针对少数人，为了表演或者考试。所以，除了那些考级的孩童，大部分孩子缺乏艺术的熏陶和正规的艺术教育。

艺术究竟有什么价值？有人曾经用“无用之用”来概括艺术的作用。尽管现在艺术品已经打破了“无用”之说，因为艺术的物质价值已经不断显现出来，但是，艺术更重要的价值是它能够给人们带来精神上的愉悦，艺术可以感染一个人的灵魂，丰富一个人的精神，震撼一代人的心灵。一个懂得艺术、热爱艺术的人，也是懂得生活、热爱生活的人。

所以，亲爱的父母们啊，不要小看孩子的涂鸦、吟唱，艺术如同翅膀，能够把孩子带到更高远的地方。

网友感悟

暖暖妈妈：一个喜爱艺术的孩子必然是一个内心世界很丰富的孩子！

窗边的豆蔓：艺术在于用心感悟生活生命然后付诸于笔端、音符，但凡从内心深处迸发的画作、音乐都能震撼人的灵魂。比比皆是啊！

且歌且行吟："艺术，'无用之用'"，说得多好啊，也许它无法产生物质价值，但却能愉悦身心。

童喜喜：艺术润泽生命。

天道酬勤：艺术教育在人成长中居于一个重要组成部分。艺术在于可以培养人的素养与气质。

朱永新：艺术的教育价值远远没有被认识。

法庭之王：艺术教育也可以说是美育，甚至不及政治教育受重视。而爱因斯坦曾说："我相信直觉和灵感……想象力比知识更重要，因为知识是有限的，而想象可概括着世界上的一切，推动着进步，并且是知识进化的源泉。"以艺启智，放飞梦想，以艺育德，陶冶情操。

写好汉字是中国人的基本功

写字不自惬，往往怨笔纸；若曰笔纸佳，吾书当胜此。
今着对旧笺，称意且深喜；顾乃怯落笔，唯虑笺徒毁。
怨见薪诸物，虑征勿信己；总欠真功夫，二者胥缘是。

从未勤练习，吾书安得好？自观只摇头，书兴宜其少。
乃有命之者，雅意岂容藐？黾勉以从事，罔敢任草草。
不惬则依然，致之愧萦抱。出门弗认货，见嘲吾无恼。

（《写字》，载《叶圣陶诗词选注》，第231页）

朱永新解读

这首诗是1974年“文化大革命”期间，叶圣陶先生的朋友拿来一张旧笺请他写字，他害怕自己的字写不好糟蹋了这张好纸，同时就写字问题有感而发写下的两首带有自嘲性质的诗。

写字，历来是中国文人的基本功。文人与墨客，在中国人的语汇中历来是相提并论的。文人不会写字，墨客不作诗文，都是不可想象的。不仅如此诗书琴画，历来也是古代文人的必修课。尤其是书法，汉字之美，在书法中体现得淋漓尽致。作为中国人，不能够书写好自己的汉字，是说不过去的。

写字其实也没有多少诀窍，就是“勤练习”三个字。叶圣陶先生3岁即描红习字，在草桥中学读书期间就习篆隶、刻印章，写得一手好书法。他还不满足自己的书法功底，觉得自己“总欠真功夫”。我们还有什么理由不好好练字写字呢？

网友感悟

mynisky2a：一手好字本是“基本功”，因为坚持的少，也变成奢侈的本领。

窗边的豆蔓：一日不提笔，管细墨痕稀。终日不读书，草盛豆苗凄。写字端似人，作文幽如意。此无捷径走，勤学勤练习。

祁县开心王：俗话说得好，“拳不离手，曲不离口”，要想写好字就要勤练习。联想到读书也是如此。“书读百遍其义自见”，经见的多了，阅读的功力也就自然而然地潜滋暗长起来了，阅读的要求就会越来越高，距离“腹有诗书气自华”的日子也就越来越近了。

林盛光：掌握基本功只有勤练甚至苦练。

童喜喜：字是我们的第二副面孔。

远水流：我也曾怨纸笔，其实是自己真的欠缺真功夫，说要练字，却总是成为兴起的事，应真正去做，坚持，再坚持！

文艺是精神的雨露

人譬诸花草，文艺就是雨露。人不仅须有物质上的欲求，尤赖有精神上的欲求，才可以向上进取。有时因有精神上的欲求，物质上的欲求随以改进。而可以激起我们的精神上的欲求的，文艺实为最重要的东西。当我们执卷欣赏之际，虽然不过是连缀着的许多文字送人眼里，而实际却在认识人生，感受作者的精神，并振起自己的精神入于向上进取之途。这是人生再重要不过的事情。（《文艺谈》，载《叶圣陶集》第9卷，第12页）

朱永新解读

人的成长，其实和花草的拔节并无不同。人是花草，文艺就是阳光和雨露。

人其实有两个世界：物质的世界和精神的世界。一个人的世界有多大，取决于这两个世界有多大。相对来说，人的物质世界比较固定，是有限的，能拓展的空间，无疑是精神的世界。一个人能够直接接触的世界总是有限的，所以，通过文字去认识世界，感受人生，是最重要的路径之一。

亲爱的父母们，让孩子热爱文学吧，热爱阅读吧，让孩子在精神的世界遨游吧！文字的背后，是人生，是一个广大无垠的世界！

网友感悟

暖暖妈妈：用文字丰富孩子的精神世界！

童喜喜：丰富孩子的世界。

远水流：记得考普通话的时候，有一篇文章是讲读书人是幸福人，因为读书人在和别人一样拥有物质的世界的同时，还拥有一个无限广阔的精神世界，在这里可以体验多种人生，逐渐改变自己在物质世界的生活方式。所以阅读实在是人生再重要不过的事情。

远溪：给孩子一个美好的现实生活并赠送一个绚丽的精神世界，这就是每个父母能做到的最伟大的事情！

善待人生：文艺作品帮孩子构建丰富多彩的精神世界，给孩子从容应对外部世界的力量。

艺术始于模仿终于独创

艺术的事情大多始于模仿，终于独创。不模仿打不起根基，模仿一辈子，就没有了自我，只好永远追随人家的脚后跟。但是不用急，凭真诚的态度去模仿的，自然而然会有蜕化的一天。从模仿中蜕化出来，艺术就得到了新的生命——不傍门户，不落窠臼，就是所谓独创了。（《弘一法师的书法》，载《叶圣陶集》第5卷，第443页）

朱永新解读

这是叶圣陶先生为弘一法师的书法写的一篇文章中的一段文字。

弘一法师是书法大家，自成一体，极具独创。但叶圣陶先生非常清楚，这种独创是从大量的模仿功夫中蜕变而来的。因为他的亲家夏丏尊先生曾经见到过弘一法师“用了多年的苦功，临摹各体的碑帖”，才最终达到后来得心应手的境界。

亲爱的父母们，培养孩子的艺术才能时，千万不能急功近利。有人曾经分析，没有一万个小时的模仿和练习，任何艺术能力都难以创造真正的奇迹。梅花香自苦寒来，宝剑锋从磨砺出。让我们从简单的模仿开始，为未来的创造做准备。

网友感悟

江苏水知道：寻找适合自己孩子的路，静心前行，不急功近利。

江苏 zreo：只怕现在的家长眼中，只剩下了独创、自信、成功，诸如此类。可是，很多人也忘记了，没有模仿哪来独创、没有自卑哪来自信，没有了失败，成功最多只是侥幸而已。

童喜喜：尊重学习规律。

陈东强：临帖与出帖，临摹与创造，继承与发展。基础决定高度，高度决定视野，眼界决定境界。

金盏花儿：没有千锤百炼，难见奇葩独秀。

窗边的豆蔓：在模仿中创新，在创新中坚持传统。

领亲教育：“艺术教育，始于模仿，终于独创”；艺术教育，巧于兴趣，快于方法，成于勤奋。孩子缺艺术教育，更缺有兴趣的艺术教育。每个孩子都应该有一项自己的艺术爱好特长。

享受音乐

音乐可以说是群性最丰富的艺术。单就声乐来说，你唱一支歌，无论自编的或现成的，只要你认认真真的唱，当一回事儿唱，你就宣泄了你的某种感情。人家听了你的歌，声入心通，也引起了某种感情。这当儿，你跟人家不但形迹上在一块儿，而且感情上也融和起来了。不问那感情是快乐还是哀愁，总之你并不孤单，你的欢乐有人分享，你的哀愁有人共鸣。再说合唱。许多人合着和谐的旋律，同唱一支歌，假若个个人认认真真的唱，当一回事儿唱，就人人会觉得“小己”扩大了，扩大而为同在合唱的“一群”；也可以说“小己”融化了，融化在同在合唱的“一群”里头。感染，激动，团结，组织，都是人群间重要的事项，而音乐却有达成这些事项的直接作用。我虽然不懂音乐，可是就常识而言，我相信音乐教育必须特别着重它的群性；而一般人了解音乐，享受音乐，也必须特别看重这个群性。因为个人跟人家共哀同乐，小己扩而为大群，与大群融和。这就是生活进入了更高更充实的境界（《略谈音乐与生活》，载《叶圣陶集》第12卷，第197页）

朱永新解读

中国自古就是礼乐之邦。孔子很早就把音乐作为教育的重要内容，他的所谓“六艺”——礼、乐、射、御、书、数，就包括了音乐的教育。孔子还认为：“兴于诗，立于礼，成于乐。”只有受过音乐教育的人才是所谓的“仁人”。

但是，长期以来，由于教育的功利化，音乐一直是教育的小学科，一直没有得到真正的重视。在许多学校，甚至没有音乐的课程。所以，大部分孩子是没有系统接受过音乐教育的，五音不全的学生非常之多。音乐教育的实施者，往往是家庭，是父母。但是，父母们的音乐教育往往功利性又非常强，都是为了成名成家，或者为了考试加分。所以，考级、演出、获奖，成为音乐教育的主要指向。结果，可能出了一些音乐人才，但全民族的音乐素养非常欠缺。

叶圣陶先生对此进行了批评。他认为，我们还是一个不会享受声乐的民族，出几个歌唱家，在都市里开几个独唱会，“即使足与世界的名家并驾齐驱，也不能算是音乐教育的成功”。只有所有的孩子都受到良好的音乐教育，让“一般人都受到音乐的滋养，能够唱，能够听，能够使生活进入更高更充实的境界，那才是成功”。叶圣陶先生的这段话可谓切中时弊。我们的音乐教育，应该让所有的孩子懂得音乐，喜欢音乐，我一直期待，新教育实验学校的孩子们，每个人都能够会一两门乐器，会唱一些歌曲，他们不一定成为音乐家，但一定要喜欢音乐，懂得欣赏音乐，让音乐成为自己一生的朋友。

更为重要的是，叶圣陶先生从“群育”的角度阐述了音乐的重要性。他认为，音乐是群性最丰富的艺术。在音乐中，人从来不是孤单的，所有的欢乐有人共享，所有的哀愁有人分担。特别是合唱，具有感染、激励、团结、组织的作用，能够把“小己”融化在合唱的一群人里头扩而为“大群”，这样，人们的生活就进入了更高、更充实的境界。

亲爱的父母们，让你的孩子走进音乐吧，不是为了成名成家，而是为了让音乐陪伴一生，让孩子不再孤独。

网友感悟

暖暖妈妈：音乐是灵魂的直接语言。让孩子聆听音乐，喜欢音乐，让音乐陪伴孩子的一生。

卢志文：让音乐陪伴一生，让心灵不再孤独！每人会一件乐器，每人会几首歌曲可以作为“底线”——但要给孩子选择的空间，避免过去特色学校建设中，出现过的全校强推竖笛、二胡，“一刀切”的状况。

金盏花儿：艺术陶冶人之情操。享受艺术，享受生命！

林俊：音乐可以陶冶情操，音乐可以舒缓情绪，音乐可以消除戾气！让孩子掌握一种音乐技能使孩子不再孤独！

许国萍：赞！每个人都有自己喜欢的音乐，喜欢音乐的人不一定都要成为音乐家！现在的教育中音乐教育还不被重视，然而音乐让人文明，音乐让人快乐！音乐是我们生活中不可缺少的！看过一个短片，牧场主拉起提琴，吃草的牛儿们停了下来，聚到牧场主身边，认真地听着，那感觉牛儿们都是懂得音乐的听众，让我感动！

善待人生：当孩子们陶醉在音乐中，音乐蕴含的美好、积极、阳光、催人奋发的情感，将潜入孩子们心中，与孩子们的心灵共振，潜移默化地驱散阴霾。

临时抱不住佛脚

所修习的功课如果能够完全消化，应付考试是不用临时预备的。我们可以来个比喻：一个提得起五十斤重量的人，他在无论何时无论何地总提得起五十斤，除非他病了或是衰老了；他有这力量是平时练成的，临到提东西的时候，他不需要什么预备。现在一部分青年却需要临时预备，在揣摩以前的考试题目之外，再要看书局里请人编出来的《解答》，不是表达他们平时对于所修习的功课还不能够完全消化吗？我们以为这比较起毕不成业或是考不上大学来，在青年本身更是严重的问题：因为不能够把所修习的功课完全消化，在知识上能力上就多少有点不健康，这不健康会影响到青年整个的生活。

我们也知道现在中学毕业会考以及大学入学考试，有一些主试者往往出些超出应试者的程度的题目，使应试者不得不“临时抱佛脚”，以期在群集的竞赛中不致落选。这是最没有道理的事情，应该用舆论的力量和教育行政当局的制裁使它改善。在没有改善之前，青年为“志在必胜”起见，临时抱一抱佛脚，自是人情之常，未可厚非。但是，如果意不在此，而只为程度还没有达到水准，所以不得不匆匆忙忙临时预备，这就很可虑了。一个青年应当知道：所修习的功课犹如食物，必须随时把它消化，让它化为自身的血肉。一个青年更应当知道：考试只是一种测验的方法，并不是修习的目的；他必须为自身受用而修习，不该为对付考试而修习。（《“临时抱佛脚”》，载《叶圣陶集》第12卷，第139—140页）

朱永新解读

与把读书与就业挂钩一样，把学习与考试挂钩，也是教育的一大弊端。

1937年春天，叶圣陶先生去南京。在火车上看到许多学生厌倦而烦躁地看着《中学会考问题解答》和《大学入学考试题目汇编》之类的书籍，于是，写下上述的文字。

70多年过去了。叶圣陶先生的担心依然存在，甚至有过之而无不及，读教辅书的“临时抱佛脚”更加轰轰烈烈，以至于不少出版社靠出版教辅书才能够生存。

但读书学习，本应该像平时吃东西一样，在嘴里嚼得极细，在胃里磨得极烂，在肠里吸收得极充分。总之，“要让东西消化掉，成为自身的血肉”。真正消化了的知识，一定是能够融会贯通的，不需要临时为考试去突击的。

现在许多学校流行一句话：“上课记笔记，考试背笔记，考后全忘记。”其实就是把学习与考试彻底地挂起了钩来。这样的学习只是为了短期的考试目标，而不可能真正充实自己的头脑、丰盈自己的心灵。所以，叶圣陶先生告诫大家：考试只是一种测验的方法，不是修习的目的。

网友感悟

窗边的豆蔓：“学而时习之，不亦说乎。”“吾日三省乎吾身。为人谋而不忠乎？与朋友交而不信乎？传不习乎？”学习是每日的积累，伴随生命的反思。一日之寒不能冰冻三尺。读书是人生最美最安静也是最奇幻的享受！

雪莲花09B朔州：知识只有被学生真正地消化、吸收了，才能运用自如，这也是多年来从事教学工作得出的结论。其实不论教育如何改革，都最终是为了让学生主动学习，参与知识的形成过程。

红荷99G北京：我个人当年的经验就是考前从来不复习，知识都在平时被消化吸收了，现在的学生能做到这样的实在太少了。教育者任重道远。

革命乐观主义：懂和会运用是两码事，会写作业和写得好是两码事，何况还有熟练。学习必须要有相当量的练习。减负也不可以矫枉过正。

远水流：点滴积累的知识受益终生。

海山乡学校少先队：考试之人，只将学习内容作为考试工具，而非

（作为）自己所需之物。所以，用时求之如金银，用后弃之如敝履。应试教育之痛。

晚霞：在学习中实践，在实践中学习，知识充实自己的头脑、实践丰盈自己的心灵。

德不孤必有邻

在群的方面恪守秩序，在群的方面办好事，在群的方面修炼技能，这可以概括合理的生活方式的全部了。不要说别人马马虎虎，我也不妨马马虎虎。要知道别人马虎是别人的事，我管不着。我的马虎不马虎是我自己的事，我管得着。既然管得着，为了我的理想就不应该马马虎虎。这样办法好像是冥心孤往，怪寂寞的。其实不然。所谓“德不孤，必有邻”，你取了这样的生活方式，必然有同样的人来做你的同志。同志的最确切的意义，该是互相督促互相激励的一群人中间的一个。有一群人在一起，理想相同，生活方式相同，各人自我教育，同时也就是彼此互相教育，这是多么有劲的情形，哪里会感到寂寞？这样的群扩大开来，直到包括我们青年的全部，一切情形该会大大的改观吧。（《改善生活方式》，载《叶圣陶集》第12卷，第156页）

朱永新解读

自我教育与团队影响，是教育的两个重要途径。这两者本身也是密切联系的。

叶圣陶先生认为，自我教育好像是个人的事情，然而，凡是个人的事情绝不仅仅是个人的，个人的思想和行动都会反射、发生在群体中间，所以养成好习惯，对于个人和群体都有着重要的意义。

既然个人与群体互相影响，既然个人又是一个自觉的主体，所以，我们就应该努力发挥自己的积极影响，而努力抵制群体内部的各种消极影响。每个人都像一个发射器，如果群体中的每个人发射的都是正能量，每个人都成为“互相督促互相激励的一群人中间的一个”，那么这个群体就是彼此教育、共同发展的群体，就不会感到寂寞了。古人说的“德不孤必有邻”，讲的就是这个道理。

所以，做最好的自己，永远是最简单而正确的逻辑。

网友感悟

窗边的豆蔓：兰发幽谷自有芳，不劳春风跑断肠。早闻秋到竹里馆，雅琴一张让幽篁。因为志同道合，我们走到了一个群里；因为志同道合，我们将一直这样走下去；因为志同道合，我们都不再孤单；因为志同道合，我们仍旧孤独上路。然而，秋风里多了我的问候，秋色也将带来你们的欢喜；是枫叶的红，让秋不再萧瑟；是银杏的黄让秋不再荒寒；是菊花的飘逸，让秋多了一份自在的舒展；是天高云淡的空旷，让我们在每一个清晨出发，上路……

王玉红：其实作为一个班集体又何尝不是如此呢，他们的生活方式相同，各人自我教育，同时也互相教育，共同成长。

童喜喜：一个人或许走得更快，一群人肯定走得更远。

卢志文：团队中，每一个个体的自我教育，构成团队影响！

远水流：寻找志同道合的人，你的成长是每个人的成长，每个人的成长会促进你的成长，相得益彰。

蒙蒙：无论学生、老师还是家长被教育和自我教育相辅相成。教育最重要的一点：教会学生自我教育，这是教育的出发点与归宿。

善待人生：努力让自己属于某一个积极向上的团体，对个人的成长毫无疑问有很强大的促进作用。很庆幸我加入了“新教育网师”又幸运地成了一名“种子教师”，得以在团队中学习和成长！

道德的贯彻是行动

德目不该是挂在口头的语言，写在纸面的文字，而该是贯彻一切行为的态度和精神。能说德目的字眼，能懂德目的意义，这与“为人之道”都不甚相干。“为人之道”必须要“为”，“为”就是“做”，就是实践，要让行为的态度和精神合得上德目，他的人格也许十分完满；另一个人时时想着德目，说着德目，他的“为人之道”却未必到家。这由于一个能够实践，一个却把德目与实践看做两橛了。看做两橛的时候，种种德目都是外在的东西，虽然美好，对于自身并无受用之处。能够实践，自身便是德目的化身，才是真实的受用。所以，七分八分的想和说，不如一分二分的实践；当然，能做到七分八分乃至十分的实践尤其好……

所以，对于德目，抽象地去理解，去讨究，是没有用的；必须具体地去实践，就在种种平凡的方面去实践，使那些个都合得上那种态度和精神。譬如“礼”和“义”两个德目，抽象地去理解去讨究的时候，不过是两个概念罢了；没有这两个概念，人生未必缺少了什么，有了这两个概念，也未必充实了多少。若要等待遇到不平凡的行为，然后应用这两个抽象的概念，那更是“不可得之数”；结果自然我自我，礼义自礼义。另外一条路子，便是一点一滴地、无间无歇地实践。当升旗降旗的时候，你行礼，你唱歌，心中确然诚意，外貌确然恭敬。当运动游戏的时候，你努力，你竞争，做到胜而不骄，败而不馁，也决不用欺骗的办法取胜或讳败。当与人同在一起的时候，你谈笑行动，无拘无碍，绝不说一句无聊的话引起别人的不快，绝不做一个扰乱秩序的动作使别人感到或重或轻的不安。当与人交谈的时候，你发言运思，毫不勉强，内心绝对的真挚，容态绝对的诚恳。诸如此类，你就实践“礼”了。该做的事，如学校里的功课，职业方面的任务，你绝不放松，定要把它做好。该帮助的人，如困苦的朋友，负伤的士兵，你绝不视若无睹，定要尽可能给他们一点帮助。对于没有道理的事情，如赌博，如欺侮他人，你能够戒绝不做；非但以前不做，将来也绝不做。（《德目与实践》，载《叶圣陶集》第12卷，第165—167页）

朱永新解读

无论是学校教育还是家庭教育，德育工作都是教育中的重中之重。而德育工作最重要的不是纸上谈兵，而是躬行实践。德性的养成与知性的形成规律是完全不同的，所以，试图想通过教科书为内容、德育课为载体的方式培养孩子的道德，无疑是行不通的。

叶圣陶先生提出道德不是挂在口头的语言、写在纸面的文字，而应该是贯彻一切行为的态度和精神。在日常生活之中，在游戏之中，培养孩子的道德品质，才能够真正取得实效。如在运动中培养孩子的合作精神，坚韧不拔的意志，胜不骄败不馁的态度，以及诚实的品质。

当然，道德品质的形成也需要道德知识和道德情感的滋润。所以，阅读，尤其是与那些伟大的著作对话，就显得很有必要。无论是那些伟大人物的传记，还是那些撼动心灵的小说，人类最伟大的智慧和情感，都蕴藏在那些最伟大的著作中。从中汲取道德的力量，会让我们的行为更加自觉。

亲爱的父母们，让孩子学会阅读，学会交往，学会运动，学会反思吧，道德的精神就在其中。

网友感悟

远水流：一个人德性的好坏从他的躬身实践中表现出来，好的德性应从实践中得来，也从伟大的作品中得来。

善待人生：在每天的家庭交往中，关注孩子的一言一行，分析背后隐藏的道德品性，或引导或赞赏或拒止，播下优良品德的种子，天长日久，一个优秀的孩子就会出现在父母面前。

最要不得的是冷漠

一个人对旁的人最要不得的是冷漠。冷漠就是无视旁的人，除了自己之外，不见其他。其实就是小说里的鲁滨逊，也还有个礼拜五跟他搭伙结伴。人注定是群性的动物，无视旁的人不用说是违反本然。进一步是怜悯。怜悯是把旁人放在眼里，可是，不免把自己和旁的人分站在两边儿，你不过去，我过得去，你痛苦极了，我还逍遥自在，这么想下去，帮助点儿自然脱不了施舍的念头。（《援助贫病作家》，载《叶圣陶集》第6卷，第59页）

朱永新解读

这是叶圣陶先生1944年8月3日为《新民报》晚刊写的一篇短文中的文字。叶圣陶先生读到一篇读者的来信，谈到为贫病作家捐款援助不应该有“丝毫的施舍的怜悯的念头”深有感触，写下了这篇文字。他认为，人是一个群居的社会动物，人与人的互相帮助，是人类社会延续与发展的重要前提。

人与人是互相温暖的。与人相处，最要不得的是冷漠，是事不关己高高挂起，是只见自己不见他人。其实，一个冷漠的人，注定自己也会收获冷漠，最终也得不到他人的温暖。

人与人是平等的。因此怜悯虽然比冷漠要好许多，甚至经常被认为是好的品质，事实未必如此。因为怜悯的背后，多少是居高临下的心理，多少有着施舍的心态。

亲爱的父母们，让孩子从小就懂得平等相处、尊重他人、助人为乐，这就是教孩子学会了爱，对孩子的社会性发展、对孩子健全的人格形成，具有重要的意义。

网友感悟

窗边的豆蔓：付出多一点，关爱多一点，奉献多一点。成功让他人站上了你的肩膀，失败让他人避过了你摔的跤，微笑让他人慢慢温暖，书香让他人轻启心灵的门。付出永远比获得幸福！

橙黄橘绿时：从我们自身开始吧，不论孩子行为如何，都接纳他（她），爱他（她），给他（她）平等的、无任何条件的尊重，让孩子在温暖、尊敬、认可、爱抚和关怀的积极尊重的环境中成长，孩子会拥有一个健康的人格，懂得爱自己，才会爱他人。

祁县开心王：每只萤火虫都努力散发自己的微光，在实现自己生命价值的同时，还为世界照亮一平方的空间。更多萤火虫的汇聚，一平方接一平方的照亮，一个温暖入怀的幸福家园就这样创建起来了。在这个没有猜忌，没有冷漠，没有怜悯，只有纯粹的爱和彼此关心的萤火虫家园里体验、感悟和生活，有谁会是不愿意的呢？

汤才华：当我们能帮助别人的时候为何还要吝啬呢？我始终铭记

“送人玫瑰手留余香”这句话，所以只要我能帮，我就一定会帮。

追寻生命：冷漠的人自己也得不到他人的温暖，怜悯背后多少是居高临下的心理。让孩子懂得平等相处、尊重他人、助人为乐，就是学会了爱。让未来世界充满爱吧。

张连畅：尊重别人，就是尊重自己。事不关己，高高挂起，对身边人和事漠然视之，对生活没有热情，心中的绿洲慢慢枯萎成沙漠。

陈明艳：爱，让我们在这人世成为美好的存在。

兴趣是我们生命所寄托着的

兴趣是我们生命所寄托着的。一个人的世界，不能大于他兴趣所及的范围，唯有这个范围方是他内在的真实的世界。在他所感兴趣的范围以外，固然有许多事物围绕着他，但是他熟视无睹，听若不闻，对他来说，可以说实际上并不存在……今后的教育要着力于扩充儿童兴趣所及的范围，并使他们养成终身的习惯。一个人影响他人的能力的大小强弱，多半靠他自己的兴趣的多少和深浅。无论何人，如果要影响他人，必须同情和了解他人的兴趣所在。所谓同情和了解，就是从他人的观点去看当前的事物。所以教育者须要扩充自己的兴趣范围，更须要真切了解儿童的兴趣可能及到的范围。（《小学教育的改造》，载《叶圣陶集》第11卷，第40—41页）

朱永新解读

人是跟着兴趣行走、成长的。儿童是如此，成人也是如此。

兴趣会决定人生的方向和人生的成就。一个人的兴趣有多大，他的世界就有多大。叶圣陶先生说得好，平时我们以为我们的环境就是围绕着我们的事物的总和，“其实我们所寄托的只有我们经验过的一部分事物罢了”。最可怕的事情，就是一个人对任何事情都表现得索然无味，无动于衷，即视为哀莫大于心死。

所以，父母所要做的，就是要努力发现、引导和培养孩子的兴趣，鼓励孩子对自己感兴趣的事物进行探索，不要嘲笑他们的幼稚和无知，不要训斥他们在探索中的错误与荒唐。

网友感悟

cdlpwhj：兴趣是魔杖，能被兴趣点中的孩子是幸福的，能找到学习的兴趣的孩子是最幸福的——因为，作为学生你必须学习。让我们陪孩子找到生活的兴趣吧。

窗边的豆蔓：要教育儿童，首先要学会蹲下来用他们的眼睛和心看世界，那是我们曾经拥有过，现在已经失去，甚至很久的。“兴趣永远是最好的老师”，对孩子是这样，对我们亦如此。

暖暖妈妈：处处留心皆学问。我们父母要做的就是观察孩子，发现孩子，保护孩子的兴趣所在，进而引导孩子，鼓励孩子。

罄尽浅笑：我们经常说：“知识就是力量”，但是“兴趣也是力量”，兴趣的力量是无穷的，兴趣可以让孩子花更多的时间去学习，去专注某一件事情，兴趣是孩子生活的快乐之源，动力所在，兴趣是孩子最好的老师，正如叶老说的兴趣是我们生命所寄托着的，所以作为父母我们一定要保护孩子的兴趣，并且要珍惜它，培养它，利用它。

zfyey 宁静致远：记得有句广告语说“心有多大，舞台就有多大”，我想此处的“心”就和孩子的兴趣息息相关，有了兴趣，孩子才会去用心探知，没有兴趣，即使看到了也是熟视无睹。探索了，知道了，了解了，深入了，孩子的世界变大了，他们的思想丰富了。在不断丰富的过程中，孩子愿意成为一个辛勤工作和学习的人。这就是孩子的成长。当我们把“兴趣”作为教育孩子的法宝时，所有的教育一定是有益的。

阳光雨：做好孩子兴趣的护航人。

童喜喜：兴趣是最好的老师。

朱永新：是啊，兴趣有多大，世界有多大！

第六章

希望是特有的奖品

人来到这个世界，究竟是为了什么？是匆匆忙忙走一遭，还是认认真真活一次？人为什么能够忍受各种苦难？如果没有明天的召唤，没有理想的支撑，没有美好蓝图的等候，可能我们会选择放弃。

但是，希望只有对于那些坚持不懈努力的人来说，才是有意义的。努力是实现希望的路径，希望是对于努力的奖品。

所以，我们不仅要把希望播种在孩子心中，更要让努力扎根于孩子身上。在茫茫人海中，在迷失方向的时刻，我们希望通过自身的努力，给世界带来一点光亮。我们每个人都是小小萤火虫，每一个的光都十分有限，但是，如果我们每个人都点亮自己，世界将因为我们而璀璨！

希望是特有的奖品

不肯努力的人根本与希望无缘，也没有资格说什么乐观悲观。你生活过得好，环境处得好，就乐观了吗？这其间全没有你的因素在，你只是因人成事，往底里想，有什么可以乐观的？你生活过得不好，环境处得不好，就悲观了吗？你并没有绞一丝脑筋，花一分力气，企图改善你的生活和环境，试问除了对你自己之外，还有什么可以悲观的？

希望是努力不懈的人特有的奖品。在他努力的时候，希望奖励他的不停的前进。在他有了成就得了收获的时候，希望化而为事实，奖励他的切实的努力。为有这奖品在，努力不懈的人是无所谓悲观的。即使现状万分恶劣，他始终心胸宽广，精力饱满，照通常的说法，是乐观的——因为他努力不懈，把握确实在他自己手里。（《新年与希望》，载《叶圣陶集》第12卷，第246—247页）

朱永新解读

抗战胜利以后的第二个新年即将开始的时候，叶圣陶先生为《中学生》杂志写了这篇文章。文章开头他就指出，虽然新年给我们带来了新的希望，但这句话对于不努力的人来说没有意义，因为“希望又不是规定在年头上自己会飞来的鸽子，你说新年来了，希望也就来了，岂不是一句梦话”。

所以，希望只有对于那些坚持不懈努力的人来说，才是有意义的。不肯努力的人，根本不配说希望，也根本与希望无缘。希望对于那些努力不懈的人来说，是特有的奖品。

这一点，与我们新教育人的理念完全一致。新教育人说，相信种子，相信岁月。这是希望。新教育人又说，行动，就有收获；坚持，才有奇迹。这是努力。所以，努力是实现希望的路径，希望是对于努力的奖品。

亲爱的父母们，不仅要把希望播种在孩子心中，更要让努力扎根于孩子身上。

网友感悟

星－廿三画生：品性的光辉，出自奋斗的历史。历经奋斗的生长，才是真正的生长，才是属于自己的生长，不可复制也不可替代。

朱永新：努力才有希望。

理想是人生的灯塔

人不能没有理想，没有理想只能糊糊涂涂地活下去，反省一下就会感到无聊，感到没意思。肚子吃饱了，身体穿暖了，活是活得成了，但是活下去做什么呢？回答不上来，一定索然，自觉与禽兽无异。有了理想就不然。咱们一天天生活下去好像黑夜航行在海里的船，理想就是招引咱们的灯塔，咱们要生活，要努力，就为要到达那座灯塔……

青年们如果怀着理想的话，如果热切期望实现理想的话，那么急于养成好习惯的愿望自然会像火一般的燃烧起来。青年们虽然不像将士一样在前线打仗，可是大家都知道，现代战争的决定因素不限于军事。军事有办法，其他却极糟糕，胜利还是没有把握的。一个人不守秩序，一个人办不好事，一个人技术低劣，看来好像关系很细微；但是多数人不守秩序，多数人办不好事，多数人技术低劣，关系就重大了，这将抵消军事的成绩还有欠额，结果将得不到“胜”而得到“败”。怀着理想的青年谁肯做这样的“一个人”呢？不肯做，就得整饬自己，训练自己，养成种种好习惯。别人如何且不管，总之先把自己做成一个问心无愧实际上确然无愧的人。每个青年都不肯做这样的“一个人”，也就不会有这样的“多数人”了，这才有实现那个“胜”字的指望。（《改善生活方式》，载《叶圣陶集》第12卷，第153—155页）

朱永新解读

理想是照亮人生的灯塔。前几天，《新京报》记者问我：给青少年传递“正能量”，哪一方面的能力最重要？（比如学习能力、创新思维、社会责任、国际视野、身心健康等等）我的回答是：青少年需要的最大的正能量，是理想和自信。理想，对未来的憧憬，对美好生活的追求，是一个人前行的最大力量来源。而自信，对自己，对社会，对人类的根本信任，是一个人不抛弃不放弃的重要精神支柱。

人来到这个世界，究竟是为了什么？是匆匆忙忙走一遭，还是认认真真活一次？人为什么能够忍受各种苦难？如果没有明天的召唤，没有理想的支撑，没有美好蓝图的等候，可能我们会选择放弃。

所以，当我们拥有理想的时候，我们就会把自己的行为纳入理想的轨道，有所不为，为所不欲为，为理想而忍耐，而坚持，而奋斗。用叶圣陶先生的话来说，当青年人有了理想的时候，他就会“唯恐不及的充实自己”，“急于养成好习惯的愿望自然会像火一般的燃烧起来”，“把自己做成一个问心无愧实际上确然无愧的人”。这就是理想的力量。

亲爱的父母们，把理想装进孩子的行囊吧，这是给他最好的礼物。

网友感悟

窗边的豆蔓：守住麦田，帮助更多的孩子找到自己的理想并鼓励他们为此而努力！指引更多的孩子找到他们的方向！

红荷99G北京：现在很多孩子小小年纪就总说没意思，其根源就在于没有理想，人生没有方向，没有照亮人生的灯塔，即使物质条件再好，最终回顾一天的生活和学习还是觉得没意思。所以作为家长和教师，都有必要引导孩子找到照亮自己人生的灯塔。

麦子：沿着理想的方向前行。

欲望是人生活动的原动力

欲望是人生活动的原动力。欲望的起源由于感到缺陷。渡水不得，便想造船；致远累事，便想造车；推而广之，便是哲学科学，哪一件不是从弥补缺陷起源的。儿童的活动逾越常规，就因为他们对环境感到新奇，非常羡慕，于是引起了求知求行求享受的欲望。顺着他们的欲望的趋向，作为教育的入手方法，使他们如愿以偿，才是教育者最应当尽力的事务。顺着他们的欲望，并不是使他们纵欲肆志，而是不加摧残，不与违拗，引导他们满足欲望，归结到合理而有系统的道路上去。他们的欲望有时是不应达到的，或者是扰乱秩序的，这也不可以遏止，（无论如何，欲望受到遏止将会何等懊丧！）最好用替代的方法以求补救。他们有了替代的欲望，不蹈空虚，不生恶果，终于得到了满足，那是何等

的安慰，何等的快活！（《小学教育的改造》）

朱永新解读

人有各种各样的欲望。欲望与本能不同，欲望更多是人在后天的社会实践中形成和发展的。

叶圣陶先生说，欲望是人生活动的原动力，也就是说，欲望是创造世界的原动力。因为，欲望是从“不满”开始的，是从“缺陷”开端的。

因此，对于父母和教师来说，一方面，要关注孩子的欲望，满足孩子的合理欲望，帮助他们实现美好的欲望；另外一方面，也要引导孩子的不合理欲望向合理的方向转变，要让孩子知道，不是所有的欲望都是合理的，不是所有的欲望都能够满足的。既要有所为，又要有所不为，人生才能够真正有作为。

网友感悟

zfyey 宁静致远：正确的人生观是孩子一生做人的根本，帮助孩子形成正确的人生观，就是帮孩子奠定了一辈子的幸福，不至于让孩子偏离生活的方向。我相信，在帮助孩子树立正确人生观的过程中，孩子周围成人的一言一行一举一动将对孩子产生深至心灵的影响，因此，我们要警惕。欲望，是每个活着的人都会有的东西。在不同的年龄阶段和不同的环境里，人会产生不同的欲望，对于孩子，他们的欲望的产生来自于对这个世界的好奇，即使这种好奇有时候是非常危险的。正如叶老所说的，我们的教育一定要引导孩子的欲望从不好转换为好的，因此，教育不只是学习的教育，生活处处皆教育。教育不只关注孩子的成绩，更要关注孩子成长的一切。

阿花哥：顺着孩子的欲望，探索他们的心向。顺着孩子的欲望，引导他们奔腾到幸福的方向。顺着孩子的欲望，让心灵静静流淌花朵盛开的芳香。

窗边的豆蔓：君子有所为有所不为，“事来而心始现，事去而心随空”。成人尚且难以为继，何况孩子。一种理念的导向有无数的可能，父母以身作则的濡染尤其重要！

mynisky2a：再“坏”的欲望也别对其遏制而使孩子懊丧，引导孩子的转变，替代成“好”的欲望，从而得到了满足，这是多好的方法啊。在生活中，无处不可用，和所谓弱化不好的行为，强化好的行为是一个道理的吧？

朱永新：还要为所不欲为！

王轩强：真正有作为的人，有所为，有所不为，是打开成功之门的正统战术。剑走偏锋，有所不为而为，传统教育却不敢提倡。教育提倡创新，但真正去创新，非议甚多。新教育，走老路，开新路，继往开来，教育才能真正有作为，师者有功，学者有成。

自学的人就能够自强不息

一辈子坚持自学的人也就是一辈子自强不息的人。不难想象，这样的人不断增多，社会和国家将达到何等繁荣昌盛的境界。

因此，教师特别致力于引导学生善于自学，绝不是越出了教师的职责，绝不致贬低了教师的尊严。正相反，我以为唯有能这样做的教师才够得上称为名副其实的教育家。（《读书和受教育》，载《叶圣陶集》第11卷，第351页）

朱永新解读

平庸的教师与优秀的教育家之间的差别在哪里？平庸的父母与优秀的父母差距在哪里？能不能培养孩子的自学精神与自学能力是一条分水岭。

自学为什么很重要？因为孩子终究是要离开父母、离开学校的。许多所谓优秀的学生，在学校里似乎是很“优秀”，各门功课都是满分。但他们是为了外在的肯定而学的，是跟着老师父母的脚步亦步亦趋的。所以，当没有作业的时候，没有外在的指令的时候，他们就不知道做什么，不知道怎么办了。

父母们请记住：自强不息，就是不断学习，不断挑战自我。这些，要从自学开始。

网友感悟

窗边的豆蔓：反问我们是一生都愿意学习的人吗？我们愿意自己的孩子是一生都不厌弃学习的人吗？以读书为乐而不是苦作舟，好之者不如乐之者，活到老学到老，父母的学习也是在以身作则。你在学什么呢？

童喜喜：最好的教育是自我教育，最好的学习就是自学。

东方无忌：同意此观点，平庸的老师和优秀的老师也应该以能否培养孩子自学、自律、自我探究的意识与习惯作为分水岭。

杜豪 BPM：自学不仅是一种必须的技能。大学生或研究生或博士学习的那些东西，相对于工作要求来讲，（实际使用）少得可怜。不懂自学，生存会有问题。

惬意蜂鸟：孩子的自学精神要从小培养。父母要为孩子营造自学的氛围。当孩子把学习当作一种乐趣一种需要的时候，他才会自学，才会坚持自学，也才会学出成果。

如何过暑假

在夏令，只昆虫一类已足以吸住你的全部的注意力。乡居的人不用说，就是住在城市里的人也能看到白天出现于窗外、夜里飞翔到灯下的各种昆虫。把它们收集在一起，详察形态，比较异同，趣味当然比闲坐半天丰富得多，或者并不动手采集，只在它们生活场所的周围潜心考察，看它们怎样得食，怎样求爱，怎样取友，怎样拒敌，怎样娱乐，怎样繁殖。这样积时累日，就仿佛展读了各种昆虫的全部生活史。在这不知不觉中间，你的头脑比以前不同了。你将更善于观察和剖析，临到事物，知道哪几点亟需注意，而哪几点却无关重要，哪一些是直接、间接的因，而哪一些却是影响所及的果。这观察和剖析的能力的增进是极有价值的，应付不论什么事物都将比以前精密且确当；普通教育所期望达到的目的，一部分原来就在这上边。研究动植物是达到这目的的一条路径，在夏令研究动植物又是便当万分的事情，草木虫鱼几乎同清风明月一样地不用一钱买，诸君何乐而不为呢？（《暑假期中》，载《叶圣陶集》第12卷，第31页）

朱永新解读

目前正是学生们过暑假生活的时候，重温叶圣陶先生的这段文字，非常有现实意义。

如何过暑假？如果仅仅就是做一大堆作业，只是枯坐桌前埋头书斋，也是非常痛苦的。叶圣陶先生认为，这样懒散的生活，“只配衰颓的老年人去过，绝不是青年人应该效仿的”。

那么，究竟应该怎样过暑假？还有什么比做作业更加有意思的事情呢？叶圣陶先生认为，无论是去采集动植物，去动手做一下物理化学的实验，还是去制作一些手工艺作品，都是非常有意义的事情。因为，“我们的一双手绝不能专拿笔和书；它们还得去亲近工具”。

叶圣陶先生在这里举例抓昆虫的乐趣，说明在自然环境下，孩子们的观察能力、思考能力会有怎样的进步，学习效率会有怎样的提升，相信对父母们是有启发作用的。希望有更多的父母知道，大自然，有时候是最好的老师。

网友感悟

桃花仙子：孩子天生是喜欢植物虫子的，只要你和他进入大自然！三四年级时，我们秋季的周末有一个多月是在田地山野里度过的。到了五年级时，尽管没有布置他们去观察，但孩子们对于自然万物的变化已经非常敏感了，他们会自觉地去观察，去“游戏”。前不久，泽龙在作文里说，星期六他在菜园里观察昆虫的感觉，不亚于看一场电影哩！真希望所有的孩子都能到大自然中去走走，去读这本绿色的书！

祁县开心王：窥天地之奥，达造化之境，以自然为师，与天地为友，人与自然就是客观的关系，我们在与自然的交往中学会生活和创造，其乐融融，奥妙无穷。

爱的天使王杰：大自然是最好的课堂！是孩子能用心感受到的，用鼻子能闻到的，用手能触到的！

愚人：大自然，是孩子和成年人最好的老师和朋友。

窗边的豆蔓：大自然是最好的母亲也是最好的老师。

远水流：在自然环境下，孩子的观察能力、思考能力会随着父母的启发而得到进步和提升。趁着暑假，到大自然中去吧，大自然是一位极好的老师。

中国微出版：孩子应该多亲近自然，融入自然，大自然是孩子最好的老师。在自然环境中激发孩子的生命活力，培养孩子的观察能力、思考能力，对提高孩子的学习效率是大有裨益的。

交朋友的乐趣

青年喜欢交朋友。交朋友的至乐何在？我想莫过于彼此人格的交流。一个人的人格的美质不能分给旁人，可是可以影响旁人；彼此具有美质，彼此互相影响，第一是觉得生命并不孤单，第二，越来越感到"充实之谓美"：这种乐趣，还有什么可比的？有些人朋友尽多，可是并不觉得怎么乐，那大概由于彼此之间没有人格的交流。(《读蔡孑民先生传略》，载《叶圣陶集》第6卷，第33页)

朱永新解读

人是社会的动物。一个没有朋友的人，一定会少了许多生活的乐趣。好的朋友是人生的财富，能够帮助你走得更远，飞得更高。

青少年喜欢交朋友，但交怎样的朋友值得关注。如果只是酒肉朋友，只是讲义气的江湖朋友，就没有得到交朋友的真谛。叶圣陶先生认为，只有能够进行人格的交流，把自己美好的人性与对方分享的朋友，才是真正的朋友，才会觉得生命不孤单，才会在交往中充实自我。

与谁为伍，你就会成为谁。亲爱的父母们，在孩子选择朋友的时候，应该用种种方式，帮助孩子尽早懂得这个道理。

网友感悟

暖暖妈妈：人的一生会有很多所谓的朋友，他们会在不同的时期影响着你的生活。岁月匆匆，能留下来做你真正意义上的朋友也就是一两个而已。

窗边的豆蔓：比月为朋，举手为友。因着共同的人格、目标、理想、志趣。一起努力，一同在路上。伯牙子期之情意，人生得一足矣。相知不意四方上下，朋友存于往古来今。

橙黄橘绿时：对现在的孩子来说，有朋友，并且有和朋友在一起交谈、玩耍的机会，就很快乐！鼓励孩子自己交朋友，引导孩子体会朋友身上的阳光的、向上的、积极的一面，每个人都各有优点、长处，让孩子学着发现别人的优点，汲取朋友的长处，帮助自己进步。

童喜喜：有朋自远方来，不亦乐乎？

天道酬勤：朋友是财富，朋友是智慧，朋友是乐趣，朋友有时也是累赘，也是烦恼。交友真诚，但交心的朋友应是人格上有交流的朋友。正所谓“朋友易得，知己难求”。

xl：精辟！人以群分，物以类聚，近朱者赤，近墨者黑，欲察其人，先观其友。在孩子形成人生观、价值观的过程中，家长和老师应该正确引导好。

江南小西门：有道理却不敢完全认同……中国人的势利眼也许从小就是被父母这样灌输出来的。开放一点的心态也许更好，差生或者比自己弱势一些的人其实也有很多优点。圣人不是说过吗，三人行必有我师。我觉得父母应该教孩子如何和大家愉快相处，并学习他们的优点。

读书与就业

听说识字，就联想到吃饭跟职业，可见大众的生活困顿得利害，只有立刻可以解除困顿的才是迫切需要的东西，否则简直不需要。然而这样的联想实在根据一种错误观念而来。他们以为识字好比下种，有饭可吃、有职业可做好比收成，下了种当然要望收成。谁知识字跟吃饭和得业本来不是注定的一因一果。识了字，仿佛加添了一双眼睛、一双耳朵，因而能够接触本来所不能接触的，使自己的知识丰富起来，能力增强起来。这是识字的目标。谁如果识了字，或多或少，总可以得到应合这个目标的报酬。至于有没有饭吃，有没有职业可做，虽然跟个人的知识能力也有关系，但是在目前这样的时代，还待社会情况来决定。

推广开去，中学生在校受教育也是同样的情形。中学生所得到的当然比识字学校的学生所得到的深广得多，但是也只在丰富知识、增强能力这两点上见到效果而已。学校对于学生毕业之后得业与否并不负何种责任，那么学生跑出了学校无事可做，实在是寻常的事。在教育跟生产不相联系的制度之下，入学求学的“因”，跟有事可做的“果”，本来是不相应的呀。现在有一班人往往统计毕业学生的得业成数，见数量太少，就大发其感慨。就各种力量的浪费而言，这固然可以感叹。若说其他的人不妨都失业，唯有学校毕业生不应该失业，这却是错误的观念了。其错误在忘记了如今教育的本质。（《不相应的“因”与“果”》，载《叶圣陶集》第12卷，第98—99页）

朱永新解读

在全社会都关注就业、父母们把读书与找到好工作挂钩、教育行政部门把大学生就业率作为评价学校的重要指标的今天，重读叶圣陶先生的这段文字，有着重大的现实意义。

叶圣陶先生认为，读书本身并非为了就业，而是为了让人拥有更多的知识和更强的能力，正如为人增添了一双眼睛和耳朵，让人们看得更远、听得更多。就业，只是读书的副产品而已。

现在许多人功利性太强，就业成为读书学习的重要目标甚至唯一目标，这就是本末倒置。其实，就业正如分数一样，本身不能够成为教育的直接目标，应该是教育（学习）的额外的奖赏。好的教育，帮助人拥有更多的知识和更强的能力，其实也就增强了人就业的能力。

所以，父母和老师们不妨看得更高远一些，把教育的目标设置得更全面一些，淡化功利性，强调发展性，让孩子享受读书学习的过程，而不是为了将来找一个所谓的“好工作”。

网友感悟

山西核桃：当你一门心思做不功利的事，往往意外收获很多功利的奖品，或许正说明了我们自以为的努力争取是不对头的。

童喜喜：让学习滋养心灵丰富生命。

爱即生命：真正的教育，应该像吃喝玩乐一样，是生命的基本需求和必须经历的一个过程，它集中体现在对生命的滋润、净化和提升上。教育的唯一目的是：让每一个人都能自由而充分展示出自己的灵性，让每一个人都成长为“我自己”。

善待人生：“获得知识”是丰富和提高自身素养的过程，作为一个需要不断完善自我的人而言，不需以“功利”诱惑（激发）学习热情，知识本身就有强大的吸引力。同样，评价学习结果，也不能单凭成绩或就业来评价，一个人、一所学校的价值取决于他为社会和人类所作的贡献！

如何选择职业之一：有益

有益的职业包含必需普遍的意义，凡可以使人类在物质上精神上得到满足的快慰的，都叫有益的职业。若是非人类所必需的，或反而有害于人类的，或一部分人受益而余人不得享受的，就不能叫做有益的职业。凡属有益的，必需的程度同，效益的普遍同，所以没有尊卑高下，所以平等。灌园种菜和攻学著书，一样的重要，一样的有价值。（《职业与生计》，载《叶圣陶集》第5卷，第21页）

朱永新解读

如何为孩子选择职业？这是经常令许多父母头疼的问题。

在这篇文章中，叶圣陶先生对选择职业的问题进行了深入的分析和讨论。叶圣陶先生认为，最关键的一条，是要从职业生活中找到个人的"乐境"、满足和快慰。所以，能够让大多数人得益的职业，就是好的职业。

职业没有高低贵贱之分，只是社会分工的不同。就像农夫与作家没有尊卑高下一样，他们对于社会的价值是一样的。

但是，许多父母总希望孩子不去做农夫，而去做作家。这与我们传统的观念，特别是社会的收入分配制度不合理有关。如果农夫与作家都有一样的尊严感，都有一样的收入，都住一样的房子，开一样的车子，可能，我们选择职业就会有不同的出发点了。

最适合的就是最好的。尽可能让孩子找到自己喜欢的职业，在从职业生活中得到乐趣的同时，造福他人，造福社会。而社会，应该尽可能创造平等的机会和工作条件、待遇。

网友感悟

暖暖妈妈：适合自己的就是最好的职业。无论旁人是多么的不理解，做好自己，就实现了人生的价值和意义！

鲍菁：社会存在偏见，家长不要刻意引导才好。让孩子做喜欢的工作，才有可能真正获得快乐，也更容易成功。

童喜喜：帮助孩子寻找立足之基。

远水流：叶老认为，要选择有益的职业，能够从职业生活中找到个人的“乐境”、满足和快慰，能让大多数人得益的职业就是好的职业。可一个人能够找到自己迫切想要并且满意的职业并不容易，个人意识的欠缺，现实条件的制约，外在舆论的压力，种种都是障碍。关键要认清自己要走的路，职业生活是人生中重要的方面，要重视。

如何选择职业之二：胜任

人的知能，万有不齐，倘若自知明确，择定一种最适于己的职业，自能收十分的效果。原来事务没有胜任的人去干，人没有选宜于己的事务干，勉强牵合，把事务弄糟了，人也气短了，这是个最不经济的办法。我们从事职业，不但当问有益无益，更要紧的是问哪一件有益的事我能不能干。必须自信不疑，知道自己的知能确能担负，然后运用心力去干。这个心力绝无虚耗，无不与社会以良善的效果，无不使施者在物质上精神上得到满足的快慰。（《职业与生计》，载《叶圣陶集》第5卷，第21页）

朱永新解读

现在的父母，在为孩子选择专业和职业的时候，首先考虑的是哪个专业找工作方便，哪个职业赚钱多、社会地位高，很少考虑孩子是否能够胜任。

叶圣陶先生认为，人的智能是不同的，每个人都有自己适合的岗位。如果不管青红皂白，什么流行学什么，什么热门干什么，结果必然是不仅把“事务弄糟了”，而且把人也弄“气短了”。这种于事于人都不利的选择，其实是愚蠢的。

所以，能不能胜任，至少能不能通过努力以后胜任，应该是选择职业时的一个重要标准。一个永远干不好的活，意味着使一个人痛苦一辈子。

网友感悟

暖暖妈妈：找到适合的职业，找准自己的位置，并为之奋斗努力，你的人生或许会与众不同！

山西核桃：如果能够根据所长和所好选择到适合的工作当然是好的，但是“自知明确”的人又能有多少？万一选择的不合适，不如给自己个第二职业做做，也是不错的。

天使的眼睛：倘若选择职业前能对自己有清晰客观的认识，那自然很好，但很多时候自知可能需要经历挫折后才获得。也许坚守是一种境界，但及时的改变也许更是一种智慧。

童喜喜：帮助孩子发现潜力所在。

如何选择职业之三：兴趣

一种业务既是我胜任的，往往锲而不舍，终身以之。因为无论何事，习久则精熟，到了精熟的时候，所谓不期然而然，只觉得干这一件事是一种嗜好，一种浓厚的兴趣，并不受他力的逼迫，自然努力起来。兴趣和努力循环不息，社会的进化也永永无已。（《职业与生计》，载《叶圣陶集》第5卷，第21页）

朱永新解读

兴趣是最好的老师。学习是如此，工作也是如此。2012年诺贝尔生理学奖的获得者约翰·格登从小对生物课情有独钟，在学校里养过上千只毛毛虫，看着它们变成飞蛾。但是他的生物课成绩在250个男生中倒数第一，其他理科成绩也垫底。读大学时被古典文学系录取，但他仍然喜欢生物学，所以转系学动物学。后来成为“克隆教父”。在他的办公室里，仍然挂着60多年前的那份“差生报告”。

所以，重温叶圣陶先生的话语，在选择专业和职业的时候，还是多听听孩子的声音吧！可能暂时还不能够胜任，但是如果非常喜欢，坚定不移，不妨给孩子一个机会。

网友感悟

鹰城十年：看到小鲤鱼说，自己是家庭教育失败的产物，都是家长安排读书、上学、工作，后来反抗逃跑到外地，我才蓦然明白自己多年前为什么要选择到遥远的东北去上学，现在回想起来，确实是想摆脱父母的控制。自己曾经的痛苦如今不自觉地又要压在自己亲爱的女儿身上。住手吧，给孩子一点点自由，给他们一点自由喘息的空间，还给他们一点自由选择的权利！

咖啡听茶的故事：这让我想起我的工作座右铭：把工作当成一种享受，把工作中的问题当作一种挑战！

远水流：要选择有兴趣的职业，兴趣是最好的老师，不用逼迫，不需强求，就自然想去从事的职业，他一定会努力将它做好。

如何选择职业之四：理想的实现

超世间的生活是超人的事。我们所想望的乃是理想和实际一致的生活。我们认为哪一种生活好。总想一蹴而至，竟实现了它，这是我说的理想和实际一致的要求。我们高谈人生究竟和人生真谛，若永远只是抽象的说话，没有具体的事实，与人生实际上丝毫没有益处。从事职业便是人生的究竟的具体的行为，也是理想和实际一致的一个接榫，因为它是一种发展，一种活动。我们的精神生活要直觉它的本体，显出它的作用，总非依托一种业务不可。各个人的精神生活，在各个人的职业上得到着落，否则便是虚玄的想法，无当于实际。（《职业与生计》，载《叶圣陶集》第5卷，第22页）

朱永新解读

我曾经把教师分为三种类型：职业、事业和志业。把教师作为职业的，主要是把它作为养家糊口的谋生手段；把教师作为事业的，主要是把它作为获取社会承认、实现个人价值的手段；而把教师作为志业的，则是把它作为实现自己人生理想的手段。如果职业能够与自己的志向、与自己的人生理想合而为一，是一个人最大的幸福和幸运。

叶圣陶先生认为，人的理想总需要在现实的土壤上生根开花的，人的精神生活，需要在每个人的职业生活中得到着落。唯有如此，人才能够充实和快乐。

所以，职业的最高境界，就是在每天的平凡生活中实现自己的人生理想。

网友感悟

童喜喜：做喜爱之事，过幸福一生。

紫薇：职业与志向、与人生理想合而为一，是人最大的幸福和幸运。但生活当中很难有人两全其美，但本人认为做好当下的事，即便不是你的人生理想，但是人生的最高境界。

远水流：要选择能够实现自己理想的职业，这是职业的最高境界。职业、事业和志业，三者若能有机统一，是一个人最大的幸福和幸运。理想要扎根于现实的土壤才有它的价值。

如何选择职业之五：共同生活

我们不能离开社会而生活，说到人生，便含有社会的意味，无论物质的一衣一食，精神的一想一虑，都取之于社会，附丽于社会。社会的存在和进化，全赖我们各各从事职业，努力工作。可知从事职业是自主的，创造的，目的在于谋共同生活，不是报谁的恩，偿谁的债。（《职业与生计》，载《叶圣陶集》第5卷，第20页）

朱永新解读

这是叶圣陶先生在阐述四条职业新理念之前的一个论述，特别重要。叶圣陶先生一再强调，“共同生活是最幸福的生活”。尽力于职业，就是共同生活的最重要的“下手方法”。如果仅仅是把职业作为谋生的手段，并以此来回报“人家全我生计的恩”，就不会从职业中得到更大的乐趣。

所以，选择职业，还意味着选择与谁一起共同生活。如果能够与自己志趣相投的人在一起工作，即使收入少一些，条件艰苦一些，也不是不可以克服的。幸福、快乐，与喜欢的人在一起共同生活，才是职业最重要的魅力。

网友感悟

童喜喜：职业是幸福的来源之一。

暖暖妈妈：和一群志同道合的人，做一件有意义的事情，就是很幸福的生活。

一分耕耘一分收获

大地藏无尽，勤劳资有生。念哉此厚意，努力事春耕。

（题木刻画《春耕》，载《叶圣陶诗词选注》，第110页）

朱永新解读

1946年12月，叶圣陶先生为胡一川先生的套色木刻《春耕》题诗一首，作为四个刊物的新年贺喜之作品。诗不长，但言简意赅。他指出，我们生活在这样一个星球之上：大地蕴藏着无穷无尽的宝藏，拥有这些宝藏是人类的福分。但如果没有我们勤苦的劳作，我们也难以生存和发展。一年之计在于春。只有从头开始努力，才能够做出成就。

父母们应该知道，孩子具有不同的禀赋，但无论禀赋多么优秀，没有辛勤的耕耘，是不可能有真正的成就的。一分耕耘一分收获，只有加紧努力，才能够不辜负丰富的大地，不辜负我们的禀赋。叶圣陶先生还专门撰文《努力事春耕》，强调“春耕是一年农事的开头，什么事都一样，开头的功夫用得越深，到后来的成果越大越多”。所以，我们需要鼓励孩子，趁着青春年少，努力学习，充盈自己。

网友感悟

mynisky2a：再贫瘠的土地，只要及时施肥浇水，勤于耕作，春苗总会破土而出。父母不偷懒，及时施教，才能为孩子的成长奠定基础。

爱的天使王杰：孩子一分耕耘一分收获！家长何尝不是呢？我们在教育孩子上也是付出几分就会有几分的收获！当我们在孩子面前付出我们的真诚，我们就会收获真诚！当我们在孩子面前付出真爱，我们也会收获孩子的真爱！当我们在孩子的关键期给予指导，就会收获孩子在关键期的关键发育！

童喜喜：勤能补拙。

窗边的豆蔓：春种秋收，但管耕耘不问收获。

咖啡午茶：关键是怎么个耕耘法？如今日很多不问个性禀赋、不问方向的大一统式的耕耘，是埋没、扼杀孩子的天赋和潜质。耕耘应视为个性禀赋的张扬和增值。

东哥 PK 笨爸：学习便如劳动，辛苦是必然的。但随着时代的发展，如果劳动者还都累死于田野，一如孩子几乎每人都戴着眼镜，晚上十点半从教室里出来，好像也是违背叶老精神的。

成功的喜悦

儿欲爬上凳子，
玩弄桌上摆着的
积木，摇鼓，小锡船，耍孩儿。
他右膝支着凳面，耸身屡屡，
可是力量不济，
不能成就他的尝试。
老太太看见了，
把他抱起来，让他坐上凳子。
她的动作十分轻易。
但是，这使他十分失意，
蹄声乍发，身子一溜，
两脚又站在地。
为什么啼泣？
要发展你独创的天才？
要锻炼你奋发的潜力？
要期求你意志的自由？
要享受你成功的喜悦？
他不作什么说明
只是继续他的尝试。

忽然身子一耸，两脚离地，
他又坐上了凳子，
玩具在他的手里，
笑容浮上他的两颐。

朱永新解读

这其实是一首教育哲理诗。诗中描写了一个渴望站立、渴望独立、渴望自己玩耍的孩童的心灵历程。成人的帮助对于孩子非常重要，但是，当孩子自己想独立解决问题，自己处理事务的时候，应该鼓励他的自我探索和努力。如果像诗中的老奶奶一样，看到孩子想爬上凳子而未果，就轻轻抱他上去，孩子就失去了自我探索的快乐，失去了成就感。所以，他宁愿下来，继续自己的探索和尝试，直到成功。

亲爱的父母们啊，如果你要发展孩子独创的天才，锻炼孩子奋发的潜力，期求孩子意志的自由，让孩子享受成功的喜悦，那么，就放手让孩子自己去探索，去尝试，去努力吧！呵护而不包办，鼓励而不代替，孩子才能够更加阳光地成长。

网友感悟

mynisky2a：孩子是天生的“探险家”，父母保护孩子不受危险的同时也保护好这份“探险”精神吧！

阿花哥：过度的压力和过度控制会令孩子丧失一部分为自己而学习的天然动力，并影响他们追求健康的独立意识。这种做法还会剥夺孩子发展自己的兴趣和爱好的机会，而如果他们想要成为全面发展的、成功的成年人，这些兴趣和爱好是极有价值的。实际上，一项对极富创造力的人的童年所进行的研究揭示了一个共同的特点：在孩提时代，这些人都深深痴迷于某种兴趣或爱好（不一定与他们以后的职业有关）并坚持了下去。

黎志新：爬上凳子，在我们眼里，这是一个简单的过程；在孩童成长的过程中，这是了不起的探索！

童喜喜：让孩子学会“自食其力”。

萤火虫精神

萤火虫，点灯笼，
飞到西，飞到东。
飞到河边上，小鱼在做梦。
飞到树林里，小鸟睡正浓。
飞过张家墙，张家妹妹忙裁缝。
飞过李家墙，李家哥哥做夜工。
萤火虫，萤火虫，
何不飞上天，做个星星挂在天空。

朱永新解读

狂风无法熄灭萤火。在漆黑的夜晚，在没有灯火的地方，萤火虫也能绽放光芒。因为萤火虫的光，来源于自身——心里有光，光明永在。

萤火虫，是我们新父母的标识，是我们新教育人的名字，是我们用来勉励自己的精神象征。因此当我在《叶圣陶文集》里读到这首先生为初小孩子写作、原名为《小萤虫》、发表于《开明国语课本》第三册的小诗时，心里充满了感动与惊喜。

在茫茫人海中，在迷失方向的时刻，我们希望通过自身的努力，给世界带来一点光亮。我们每个人都是小小萤火虫，每一个的光都十分有限，但是，如果我们每个人都点亮自己，世界将因为我们而璀璨！

最后，与大家分享前不久在网上看到的一首《萤火虫之歌》，作者署名为“水帘洞主”，据说也经过许多网友的共同修改。让我们以学习，不断点亮自己，让我们以飞翔，共同把世界照亮！

和你们相识在那个晚上，
没有星星也没有月亮，
漂泊的我寻不见那归路，，
孤独的心中充塞着迷惘；
倏忽间眼前闪烁点点光芒，
给了我信心啊给了我力量，
是那点点微弱的萤火，
把我心中的灯儿点亮；
我问小小精灵啊来自何方？
可是那从天上偷渡的星光？
你们默默地告别了我，
冲破黑雾又去了远方；
自从那个晚上认识了你们，
我知道了一分热一分光的力量，
人都讲星星之火可燎原，
我说萤火汇聚能把世界照亮，
点点萤火汇聚啊，
就能把这世界照亮！

网友感悟

窗边的豆蔓：夏夜里的山楂树/你穿梭在密密的枝叶间/薰风中的青竹摇曳/你栖息在梦的边缘/是夜的天使/是光的精灵/是星星的嘱托/是孩子们的眼睛。

童喜喜：内心有光，光明永在，点亮自己，照亮他人！

周华宏：偷来的火无法点亮自己的灵魂，唯有用自己的光才能照亮自己的心！

附录一　爷爷教我们做人做事

朱永新按：

这是叶圣陶先生的孙女叶小沫应《人民教育》杂志之约撰写的回忆文章，为了方便读者阅读，我们做了一些小的删改。在家庭教育领域，叶圣陶先生不仅有许多精辟的论述，更是身体力行，有许多经典的家教故事。如他没有利用职权把孩子送到好学校读书，他没有对孩子学业成绩落后而大发雷霆，他让孩子当工人农民自食其力，他以身作则培养孩子良好的行为习惯，他工作再忙也与孩子交流沟通甚至长期通信等。在叶至善的《父亲长长的一生》《父亲的希望》以及《叶圣陶叶至善干校家书》等著作中，我们也可以看到许多让我们心动的家教故事。

爷爷一直都在从事与教育有关的工作，一生都在关心着教育事业的发展，我虽然没有认真地研究过爷爷的教育思想，但是对他的教育主张我多少还是知道一点儿的，更是这些主张最直接的受益者。我愿意跟大家说说爷爷是怎么教我们做人和做事的，说说多年来我的一些切身感受，作为我对爷爷的回忆和怀念。

快乐的童年

早在1930年，爷爷在《做了父亲》这篇文章中写道：

曾经忧虑过，因为自家是小学教员出身，知道小学的情形比较清楚，以为像个模样的小学太少了，儿女达到入学年龄的时候将无处可送。现在三个儿女都进了学校，学校也不见得特别好，但是我毫不存勉强迁就的意思。

一定要有理想的小学才把儿女送去，无异看儿女作特别珍贵特别柔弱的花草，所以要保藏在装着暖气管的玻璃花房里。特别珍贵么，除了有些国家的华胄贵族，谁也不肯对儿女做这样的夸大口吻。特别柔弱么，那又是心所不甘，要抵挡得风雨，经历得霜雪，这才可喜。我现在作这样想，自笑以前的忧虑殊属无谓。

何况世间为生活所限，连小学都不得进的多得很，他们一样要挺直身躯立定脚跟做人。学校好坏于人究竟有何等程度的关系呢？这样想时，以前的忧虑尤见得我的浅陋了。

原来我一直以为，只有如今的父母才会为儿女的入学担忧。为了能让他们上一个好幼儿园、好小学、好中学、好大学，做父母的伤透了脑筋，搞得筋疲力尽。看了这段文字我才知道，在爷爷做父亲的时候，儿女入学的问题也曾困扰过他。与大多数做父母的不同的是，在爷爷想清楚应该如何对待这件事情之后，就把自己的儿女送进了普通的学校。他的 3 个儿女不仅没有上好的小学、好的中学，爸爸和叔叔连大学的门也没有进过，但是他们从小生活在爷爷身边，都从他那里学到了一辈子自学的理念，在干中学，在学中干，个个都算得上优秀，个个都成了爷爷所希望的对社会有用的人。

爷爷的这些想法在我们父辈的心里也扎了根，孩子们的入学好像不曾困扰过我们的爸爸、妈妈。爷爷那时候在教育部和人民教育出版社任职，部里和社里有几所像北京景山学校那样的实验性小学和中学。可我们兄妹几个上的是离家最近的小学，没有到那些名校去读书。记得那时候的入学年龄是 7 岁，报名日期截止到8 月 31 日。而我生在9 月 16 日，只能延迟一年上学。本来个子就高大的我，不得不又在幼儿园里晃了一年。只因为晚生了 16 天，就要耽搁孩子一年的学习，这实在让妈妈有点儿不甘心。她私下里跟爸爸念叨：“爹爹还是教育部的副部长呢，自己的孙女上个小学都不能通融一下。”爸爸不说话，只是笑笑。

刚上小学一年级的时候，我不知道测验是怎么回事，第一次只得了 38 分，我隐约觉得这事儿好像不太光彩，在饭桌上红着脸向大家说了。爷爷、爸爸都对我说：别害怕，也用不着紧张，弄清楚了错在什么地方，下次不再错就好了。

第二次测验我得了86分，一回到家就欢欢喜喜地告诉了爷爷和爸爸，他们都为我高兴。小时候的许多事情我都忘了，这件事却像电影镜头一样留在了我的脑海里，可见当时它在我小小的心灵中占了多重的位置。

在我们兄妹几个成长的过程中，爷爷和爸爸从来都没有规定过我们必须看什么书，背什么文章；没有要求我们的成绩一定要排在班上的第几名，一定要考上什么初中、什么高中；也没有要求我们一定要学会哪种技能；更没有因为什么事情非常严厉地批评过我们。相对成绩来说，他们更愿意听我们说说发生在身边和学校里的事情，我们正在参加的那些活动，正在看的课外书、看过的电影。谈话中他们提出的一个个问题和建议，会引导我们多看、多想、多实践。

小学六年级的暑假，我和表姐一起到南京的叔叔家里去玩，那是我们第一次离开大人结伴远行。从南京回来后，爷爷问我：知不知道我们坐的是哪条火车线上的火车；先后经过了什么省份、什么城市；有没有发现南方土地的颜色和北方的不同；北方地里种的什么，南方地里种的什么，庄稼长得好不好；有没有看见什么可以记下来的人和事，还说如果写出来他很愿意看一看。那时候我只当是爷爷在和我聊天，现在想想他是在给我上地理课，非常生动也非常深刻。事后我把在叔叔那里看壁虎捉虫的情形写下来拿给他看，他看了夸我观察得很仔细，叙述得也清楚，写得还不错。

“文化大革命”后我做了报社的记者，每次出去采访回来，爷爷都会让我说说看到、听到和想到些什么，准备给孩子们写一篇什么样的报道。他向我提出的许多问题，常常会引发我更多的思考。一次去河北遵化采访几个给报社投稿的小学生，他们写了一份倡议书，想通过《中国少年报》号召全国的小朋友都来保护小鸟。在当时，几个孩子能提出这样的建议还是挺前卫的。从遵化回来，爷爷要我说说采访经过，要我把写好的稿子拿给他看，还逐字逐句地为我修改。我刚进报社不久，还不太知道该怎么给孩子们写稿子，能得到爷爷这样具体的帮助和指导，真是又宝贵又难忘。我心里明白，爷爷一直希望我每次采访都能有收获有长进，把事情越做越好。

想想当年爷爷、爸爸是怎么对待我们的，再看看现在那些很累、很苦、被升学压得喘不过气来的孩子们，我很庆幸自己能有一个快乐的、无拘无束的、自由的童年。因为种种原因，我们兄妹几个也都没能上大学。而爷爷说："上大学是成才的一条道路，可不是唯一的道路……不进大学，要是自己肯学，自己会学，同样可以成才。所谓成才，就咱们这个社会的标准来说，就是成为一个对社会主义建设有用的人……"这些话，我们一直牢记在心，成为一个对社会主义建设有用的人，也始终是我们的理想和追求。

做农民做工人

还是在《做了父亲》这篇文章中，爷爷写道："说到职业，现在干的是笔墨的事，要说那干系之大，当然可以戴上文化或教育的高帽子……但是能够像工人农人一样，拿出一件供人家切实应用的东西来么？没有……我希望他们与我不一样：至少要站在人前宣告道：'凭我们的努力，生产了切实应用的东西，这里就是！'其时手里拿的是布匹米麦之类；即使他们中间有一个成为玄学家，也希望他同时铸成一些齿轮或螺丝钉。"爷爷早年对儿女的愿望，不光影响着我们的父辈，也影响着我们，这让我们从小就非常尊重工人和农民。

我上初中的时候国家正在大力宣传知识青年上山下乡，董家耕、邢燕子成了我心目中的英雄。"文化大革命"初期，听说北大荒愿意接纳北京的中学生去生产建设兵团，我满腔热血地报了名。爸爸知道我一直有想当农民的愿望，支持我的决定。可妈妈舍不得把女儿送到冰天雪地的荒原去，听说那儿冷得能冻掉耳朵和鼻子。那时候爷爷刚好患了心肌梗塞，经抢救病情稳定下来，住在医院里。那天轮到妈妈去陪护，她把自己的顾虑告诉了爷爷。爷爷和她说："对小妹来说那是一种全新的生活，如果我现在是小妹这个年龄，我也会想去的，就让她去吧。"有了爷爷的这句话，妈妈再也没有说什么，怀着种种不安为我精心地准备行装，我真是打心眼儿里感谢爷爷。就在我去北大荒的第二年，才16岁的弟弟永和登上了去延安插队的火车。

我在黑龙江生产建设兵团劳动生活了4年半，后来因为严重的关节炎退回到北京，在一家工厂当了5年多的工人。弟弟永和在陕北先当农民，后当工人，前前后后 10 多年，回京后依然当工人，直到退休。在我们当农民当工人的那段日子里，爷爷常常给我们写信，希望我们在给他的回信中把在那里生活、学习和工作的情况详细地告诉他。他为我们的每一点进步感到高兴，常常会提出好的建议和批评，还为我们正在做着的事情提供切实的帮助。我在连队当老师的那段日子，爷爷在信中询问我们那所队办小学的详细情况，告诉我他认为做一名教师要注意些什么。他还去新华书店买来中国地图、世界地图寄给我，让我挂在教室里给孩子们讲讲中国和世界。知道弟弟在队上当了赤脚医生，他去市场上买了有关医学方面的图书和简单的医疗器械，亲自打包寄给弟弟。爷爷这样关心和帮助我们的事情真多，一件件都留在了当年他写给我们的信中，更留在了我们的心里。

非但如此，爷爷还在他的许多诗歌中写下了他当时的感受。他为弟弟在陕北拍的一张抱着谷穗的照片下题诗：谷子登场屈圪坮（弟弟所在的大队），抱持荷负去还来。食其自力今三载，能勿笑颜花似开？替爷爷想想，他在《做了父亲》那篇文章中对儿女的期望，如今在孙子孙女这一辈成为了现实，他怎么会不分外欣喜呢？1970 年，爷爷在和老朋友顾颉刚、章元善聚会后合影留念，照片旁边爷爷写下了一首诗，诗中说：弱岁同窗丙午春，喜今垂老尚情亲。跃然插队连肩去，倘令生年迟六旬。他们这些年过七旬的老人，对于我们正在做的事情真的是非常向往。爷爷曾不止一次地想过，要自行前往北大荒和陕北，去看看我和弟弟在那里是怎么工作和生活的。当时爸爸正在河南的“五七干校”劳动，爷爷几次在信中和爸爸商讨这件事情。爸爸想，爷爷已经 70 多岁了，自己又不能陪他同去，吃住的艰苦且不论，这一路上的颠簸老人家也消受不起，就再三给他泼冷水。爷爷最终没能成行，这不能不让他感到遗憾。

爷爷的这些想法和做法，对于如今的许多年轻人来说，可能已经很难理解和接受了，但是当农民、当工人的经历，让我们认识了农村、工厂、农民、工人，使我们得到了许多在书本上无论如何也得不到的东西，至今都在影响着我们的为人处世。更可喜的是，无论什么年代都不乏立志农村的青年，他们到农村做农业技术员、做教师、做村官，把自己学到的知识都献给了农村，和新农村一起成长。每每看到有关这些年轻人优秀事迹的报道，我都会激动不已，就像看到了当年的董家耕和邢燕子。因为我知道，农村确实是一个广阔的天地，在那里真的是可以大有作为的。

养成好习惯

爷爷说，我国自古以来有“言教”和“身教”的说法，还说“身教”胜于“言教”。“身教”就是“以身作则”，教育者自己做出榜样来，让受教育者自动效仿，收到的效果比光凭口说深切得多。爷爷又说，教育工作者的全部工作就是为人师表。

早在1941年，爷爷在《如果我当教师》这篇文章中说：我将特别注意，养成小朋友的好习惯。我想“教育”这个词儿，往精深的方面说，一些专家可以写成巨大的著作，可是就粗浅方面说，“养成好习惯”一句话也就说明了它的含义……养成小朋友的好习惯，我将从最细微最切近的事物入手：但硬是要养成，绝不马虎了事。譬如门窗的开关，我要教他们轻轻的，“砰”的一声固然要不得，足以扰动人家心思的“咿呀”声也不宜发出；直到他们随时随地开关门窗总是轻轻的，才认为一种好习惯养成了……

看到这段文字，我不禁会笑出声来，因为小的时候爷爷正是这样教我们的。孩子毕竟是孩子，即使爷爷给我们讲过，为了不打扰别人，搬东西要轻拿轻放，关门不要发出声音，我们还是常常会把这些道理忘在脑后。我曾几次被爷爷叫住，要我把椅子搬起来重放，把门打开来重关，反复练习，直到养成了习惯。弟弟永和到现在还常常会说起一件往事：他小时候有一次着急出去，随手一甩，西屋的门在身后“砰”的一声关上了。他觉得大事不好，赶忙往北屋跑，想到姑奶奶那里去躲过“这一劫”。没想这一跑反而惹怒了爷爷，他硬是追到北屋，揪着耳朵把弟弟拽了回来，让他重新关门。这是弟弟唯一一次被爷爷揪耳朵。从那往后，他就是再着急，也不会随手甩门了。这真应了爷爷早年说的：养成小朋友的好习惯，我将从最细微最切近的事物入手：但硬是要养成，绝不马虎了事。我们的有些好习惯，正是在爷爷不厌其烦的督促下养成的，至今受益匪浅。

爷爷严于律己，从小养成了很多好习惯。比如：每做一件事，只要开了头就一定坚持到底。他 16 岁开始写日记，天天写，一直写了 78 年。他做事认真，小到开个信封，写个便条，大到读书、写文章、讲话，时时处处都如此，绝不马虎。他喜欢整洁，无论什么时候穿戴都清爽利落，办公桌面总是那么干净整齐，经常要用的东西都有归宿，一拿就到手，不用找来找去。他做事的时候总会为别人着想：把刀剪递给人家的时候，一定让手柄向着对方，为的是让人家好接；抄稿子的时候字写得一笔一画，清清楚楚，为的是不让排字工人费力去猜；在公共场合不大声喧哗，为的是不影响别人的工作和生活……这样的例子我可以说出很多很多。看到这里也许有人会想：这样中规中矩地做人不累吗？那我就用爷爷的话来回答他："习惯成自然"才是能力，一个人养成的习惯越多，他的能力越强。习惯不是一会儿就会有的，也得逐渐养成……直到"习惯成自然"，不待强制与警觉，也能行所无事的做去，这些就是终身受用的习惯了。对于爷爷来说，他的这些习惯已经化成了平日里自然而然的言行，当然不会觉得特别累。

这里就说说爷爷对我们影响很大的一个习惯——遵守时间。爷爷的时间观念很强，每天睡觉、起床、吃饭、工作都有一定的时间安排，这让我们从小就知道爷爷这会儿在做什么，也让全家人做事有了时间依据。爷爷凡约见朋友和来访者，他都会比预定时间早十几分钟到客厅等候；凡去开会参加活动，他都会提前十几分钟到场，绝不迟到。记得"文化大革命"刚结束那年，国务院请爷爷到人民大会堂去开一个大会。那时候爷爷的用车还没有恢复，他早早穿戴整齐，到外屋等候汽车来接。可能是当时要派车去接的人不少，调度出了问题，车久等不来。为了节省时间，爷爷走出大门站在门口，准备车一到上去就走。可直到大会马上就要开始了，车还没有来。大会秘书处接二连三地来电话催问，家里人都急得团团转，没想爷爷转身从门口回到屋里，平静地说就是车来了他也不会去了。大会开始以后入场，是对大会召集人的不尊重，还会干扰其他正在听会的同志。他还让我们打电话告诉秘书处，说明他不能到会的缘由，请他们不要再派车来接了。这件事给我的印象太深了，至今也忘不掉。

爷爷遵守时间的习惯一直影响着我们的爸爸。在爸爸的晚年，我常常陪他去开会，陪他一起见客人。和爷爷一样，爸爸开会不迟到，约好要见客人，会早早儿地坐在那里等候。如今，父辈的这个好习惯也传给了我们，遵守时间在我们这儿已经成了顺理成章的事情。爷爷说过，在各项教育里，家庭教育是最初最基本的一项。家庭教育是基础，基础教育打得好不好，跟以后各项教育的效果大有关系。因此家庭教育绝对不容忽视。从我们一生下来，爷爷就在有意识地对我们进行着家庭教育，而我们却在无意识中、在不知不觉中，潜移默化地受到了教益，并影响着我们的一生。

为了写这篇文章，我把爷爷有关教育的一些文章拿出来重读，觉得在爷爷从事教育工作的这几十年里，他的那些最基本的教育主张从来没有改变。对这些看上去很简单很朴实的道理，他始终坚持不懈，不只是在嘴上说，在纸上写，号召别人去实行，自己更是先行者和实践者。爷爷在不同的场合和文章中都引用过“有诸己而后求诸人”这句老话。按我的理解，这句话是说：无论什么事情，应该自己先做到，然后才能要求别人也做到。在我的眼里，身为教育工作者的爷爷正是这样的人。我想：这就是人们把他称之为教育家，尊重他的原因吧。

叶小沫

2010 年 1 月 21 日于深圳

（原载《人民教育》2010 年第 9 期）

附录二　新教育实验用书书目

2014 年，新教育实验重新推出“新教育文库”的通识书系、萤火虫书系、蒲公英书系，均为新教育实验用书。

因版权等原因，另有其他实验用书暂时未能收入“新教育文库”中。特将书目集中推荐如下。

1.《朱永新教育作品集》16 卷，朱永新著

——新教育发起人朱永新教授的代表作。中国人民大学出版社。各册书名分别为：

卷一《中国古代教育思想史》

卷二《中国近现代教育思想史》

卷三《中国当代教育思想史》

卷四《中国本土心理学研究》

卷五《我的教育理想》

卷六《我的阅读观》

卷七《中国新教育》

卷八《新教育讲演录》

卷九《新教育对话录》

卷十《走在新教育路上》

卷十一《写在新教育边上》

卷十二《中国教育观察》

卷十三《外国教育观察》

卷十四《教育心理学论稿》

卷十五《中国教育评论》

卷十六《中国教育建议》

2.《朱永新教育小语》，朱永新著

——精练而系统地以格言形式解读新教育。福建教育出版社。

3.《理想课堂的三重境界》，干国祥编著

——构筑理想课堂用书。漓江出版社。

4.《教师阅读地图》，魏智渊编著

——教师专业阅读用书。漓江出版社。

5.《苏霍姆林斯基教育学》（上、下），魏智渊编著

——教师专业发展用书。漓江出版社。

6.《孩子的早期阅读课》，马玲编著

——“读写绘”项目用书。漓江出版社。

7.《一生有用的十二个好习惯——新教育实验“每月一事”项目操作手册》，新教育实验总课题组编著

——“每月一事”项目用书。天津教育出版社。

8.《做新教育的行者》，许新海著

——实验区推动新教育实验的经验总结。福建教育出版社。

9.《教育生活的救赎》，许新海著

——对用新教育理念重建教育生活的理论探究。山西教育出版社。

10.《澳洲课程故事——一位中国著名校长的域外教育体验》，许新海著

——以新教育之眼观照、审视、学习澳洲课程的教学理念和具体做法。福建教育出版社。

11.《生命中最好的语文课》，干国祥著

——深度语文课堂实录，描绘理想课堂蓝图。漓江出版社。

12.《破译教育密码》，干国祥著

——15 年教育教学总结与反思。漓江出版社。

13.《24 节气诵读古诗词》，常丽华著

——“农历的天空下”课程实录。漓江出版社。

14.《教室，在书信中飞翔》，常丽华著

——榜样教师在海外游学时以信件与国内学生的交流。教育科学出版社。

15.《完美教室——中国百合班的故事》，俞玉萍著

——初中榜样教师缔造完美教室的经验。南京大学出版社。

16.《一间可以长大的教室》，海门新教育研究中心编著，许新海主编

——新教育班主任的班级建设经验汇编。南京大学出版社。

17.《改变，从习惯开始》，顾舟群著

——小学低年级段的家校信。教育科学出版社。

18.《小学创新作文教学设计 28 例》，牛心红主编

——绛县实验区自主研发的习作课程。中国轻工业出版社。

19.《小学学校仪式设计 20 例》，牛心红主编

——新教育小学与班级的常见仪式设计。中国轻工业出版社。

20.《中学学校仪式设计 16 例》，张硕果主编

——新教育中学与班级的常见仪式设计。中国轻工业出版社。

21.《新中国教育实验改革》，张荣伟著

——新中国 60 年的教育实验。天津教育出版社。

22.《与理想同行——新教育实验手册》，新教育理论的实践及推广研究总课题组编

——新教育项目的操作指南。福建教育出版社。

23.《新希望工程——媒体眼中的新教育》，章敬平主编

——新教育实验新闻报道汇编。福建教育出版社。

24.《那些新教育的花儿》，童喜喜著

——新教育人的报告文学集。福建教育出版社。

25.《新教育的一年级》12 册，童喜喜著

——小学生、父母、教师共读的综合项目用书。二十一世纪出版社。

26.《新教育小学英语晨诵》8 册，海门新教育研究中心编著

——小学 3 到 6 年级英语晨诵教材。南京师范大学出版社。

27. 《新希望工程》，新教育研究院主编，储昌楼、刘恩樵编著
——新教育实验 2000 ~ 2006 年鉴。文化艺术出版社。
28. 《过一种幸福完整的教育生活》，新教育研究院主编，刘恩樵编著
——新教育实验 2006 ~ 2007 年鉴。文化艺术出版社。
29. 《共读共写共同生活》，新教育研究院主编，朱寅年编著
——新教育实验 2007 ~ 2008 年鉴。天津教育出版社。
30. 《知识、生活与生命的共鸣》，新教育研究院主编，许新海、吴勇、钱珏编著
——新教育实验 2008 ~ 2009 年鉴。文化艺术出版社。
31. 《书写教师的生命传奇》，新教育研究院主编，陈连林、杜涛编著
——新教育实验 2009 ~ 2010 年鉴。文化艺术出版社。
32. 《文化，为学校立魂》，新教育研究院主编，陈连林、杜涛编著
——新教育实验 2010 ~ 2011 年鉴。文化艺术出版社。
33. 《活出中国文化的根本精神》，新教育研究院主编，杜涛、范静、丁洁编著
——新教育实验 2011 ~ 2012 年鉴。文化艺术出版社。

后　记

今年是叶圣陶先生诞辰120周年。

今年也是我的叶圣陶年。

继去年编写《叶圣陶教育箴言》之后，我一鼓作气又选编了一本40余万字的《叶圣陶教育名篇选》，还完成了这本《大师教你做父母——对话叶圣陶》。

其实，这三本书中，这本《大师教你做父母——对话叶圣陶》才是最先开始写作的。从前年开始，应新教育研究院新父母研究所之邀，我每天为广大父母们撰写“新父母晨诵”系列短文。有半年多的时间里，一直围绕着叶老的著作进行解读。后来，一部分短文还以《对话叶圣陶》在《天津教育》杂志连载，受到了广泛好评。杂志主编韩瑞新告诉我，这是最受读者欢迎的文章。在网络上，可统计的数据是先后有6千万人次读到了这批“新父母晨诵”，还有许多学校的老师把这些“新父母晨诵”转发到家校通、微信等平台。

我一直说，我和叶圣陶先生有着特别的缘分。不仅因为教育、我对叶老著作的研读，我主持的新教育实验中的许多思想也来源于叶老的教育智慧，而且在苏州工作时，我家北窗外是草桥小学、百米外是苏州一中，都是叶老曾经工作与生活过的地方，到北京工作后，我服务的民进中央大楼的大厅中央就矗立着叶老的塑像，曾担任民进中央主席的叶老更是为我们留下了一笔沉甸甸的精神财富。

过去，人们总是更多地看到叶老在文学方面、出版方面、编写教科书方面的成就。如他早年创作的《稻草人》《倪焕之》等小说，他编写的《开明国文读本》，他主编的《中学生》杂志，他帮助茅盾、巴金等作家成长的故事，一直广为传诵。其实作为教育家的叶圣陶先生同样光彩照人。他提出的许多教育思想和观点，如“教育不是工业是农业”“教是为了达到不需要教”“教育就是为了培养习惯”“学校教育应当使受教育者一辈子受用”等，平实而深刻，是中国教育思想的宝贵财富。在家庭教育方面，他的思想与实践，也值得我们反复品读。

感谢叶老的家属能够授权引用叶老的文字，感谢叶小沫女士同意把她的部分回忆文字作为附录。

谨以此书纪念叶老诞辰 120 周年。

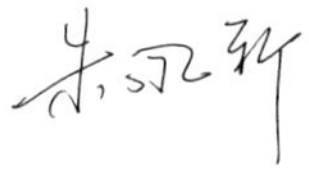

2014 年 4 月 24 日晨于山东济南南郊宾馆